Impressum
Verlag: BABADADA GmbH, Nedderfeld 112 , 22529 Hamburg
Geschäftsführer / Verlagsleitung: Harald Hof
Druck: Books on Demand GmbH, In de Tarpen 42, 22848 Norderstedt

Imprint
Publisher: BABADADA GmbH, Nedderfeld 112 , 22529 Hamburg, Germany
Managing Director / Publishing direction: Harald Hof
Print: Books on Demand GmbH, In de Tarpen 42, 22848 Norderstedt, Germany

مدرسه

shkolla

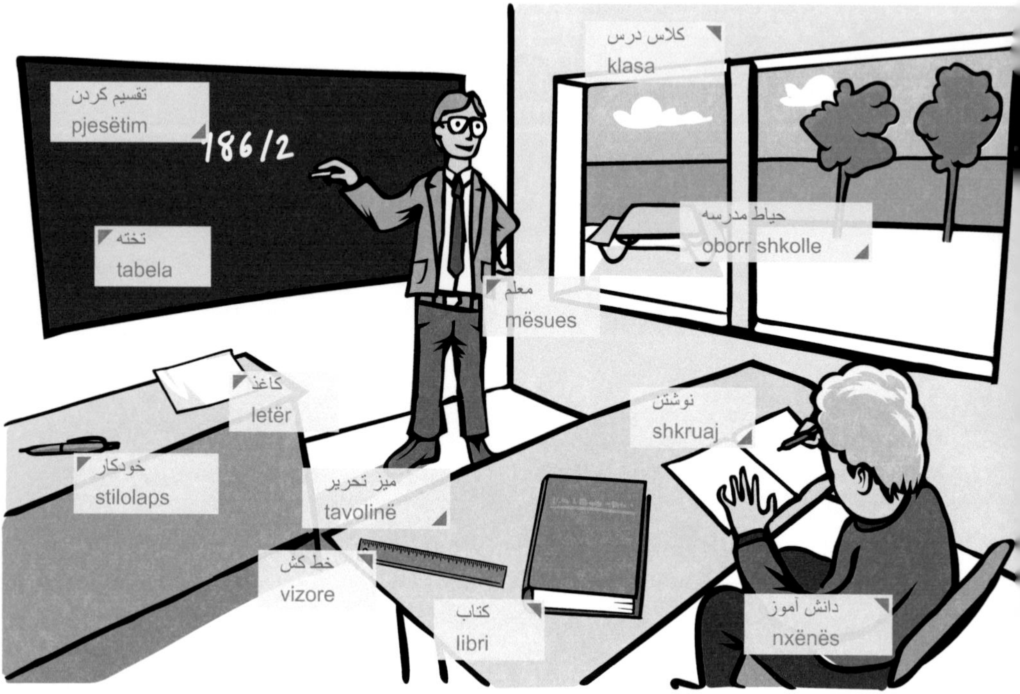

کلاس درس
klasa
تقسیم کردن
pjesëtim
186/2
تخته
tabela
حیاط مدرسه
oborr shkolle
معلم
mësues
کاغذ
letër
نوشتن
shkruaj
خودکار
stilolaps
میز تحریر
tavolinë
خط کش
vizore
کتاب
libri
دانش آموز
nxënës

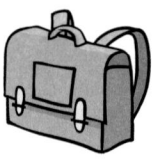

کیف مدرسه

çantë

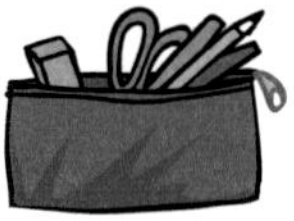

جامدادی

mbajtëse lapsash

مداد

laps

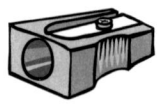

تراش

mprehës lapsash

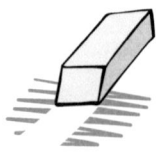

پاک کن

gomë

دفتر رسم

fletore vizatimi

طراحی

vizatim

قلم مو

penel

جعبه ی آبرنگ

kuti bojërash

قیچی

gërshërë

چسب

ngjitës

کتاب تمرین

fletore detyrash

تکلیف خانه

detyrë shtëpie

12

رقم

numër

2+2

جمع کردن

mbledh

5-2

تفریق کردن

zbres

2×2

ضرب کردن

shumëzoj

محاسبه کردن

llogaris

A

حرف الفبا

gërmë

**ABCDEFG
HIJKLMN
OPQRSTU
VWXYZ**

الفبا

alfabeti

hello

کلمه

fjalë

متن

tekst

خواندن

lexoj

گچ

shkumës

درس

mësim

مان ثبت

regjistër

امتحان

provim

مدرک رسمی

çertifikatë

لباس مدرسه

uniformë shkolle

تحصیلات

arsimim

دانشنامه

enciklopedia

دانشگاه

universitet

میکروسکوپ

mikroskop

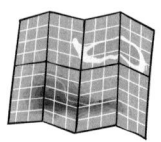

نقشه

hartë

سبد کاغذ باطله

kosh letrash

سفر

udhëtim

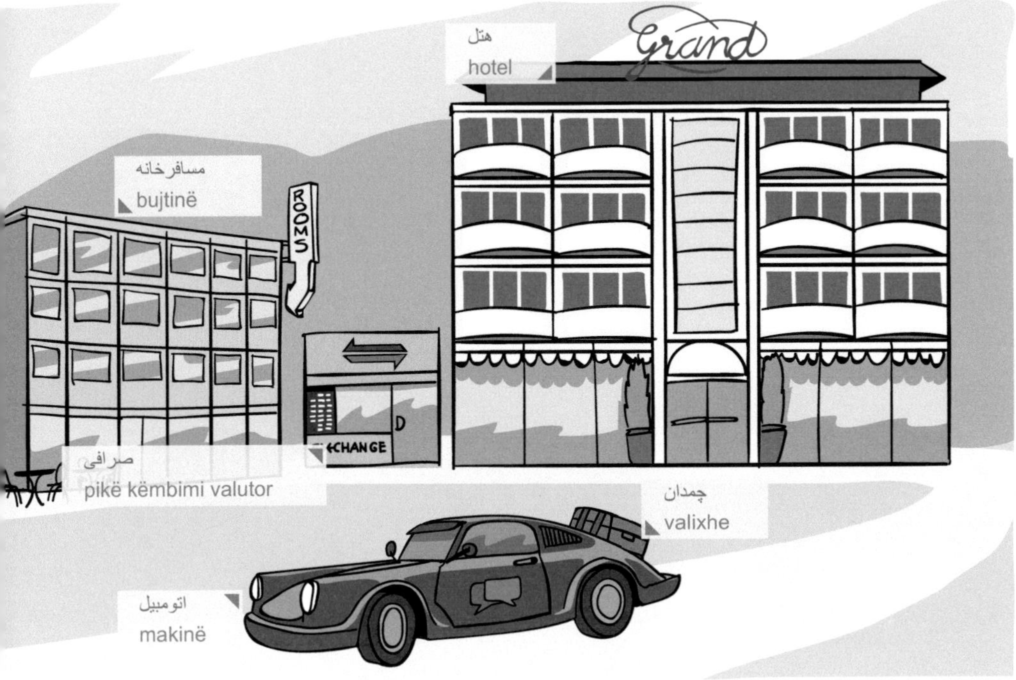

هتل
hotel
Grand
مسافرخانه
bujtinë
ROOMS
EXCHANGE
صرافی
pikë këmbimi valutor
چمدان
valixhe
اتومبیل
makinë

زبان

gjuhë

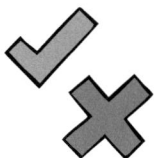

بله / خیر

po / jo

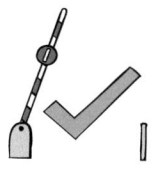

اُکی

Në rregull

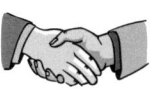

سلام

ç'kemi

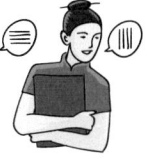

مترجم

përkthyes

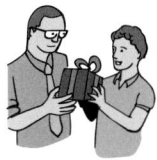

ممنون

Faleminderit

قیمت ... چه قدر است؟

sa kushton…?

من متوجه نمی شوم

nuk e kuptoj

مشکل

problem

عصر بخیر! / شب بخیر!

Mirëmbrëma!

صبح بخیر!

Mirëmëngjes!

شب بخیر!

Natën e mirë!

خدانگهدار

mirupafshim

جهت

drejtim

بار سفر

bagazhet

کیف

çantë

کوله پشتی

çantë shpine

مهمان

mysafir

اتاق

dhomë

کیسه خواب

thes gjumi

خیمه

tendë

مرکز راهنمای گردشگران

informacion për turistët

ساحل

plazh

کارت اعتباری

kartë krediti

صبحانه

mëngjes

نهار

drekë

شام

darkë

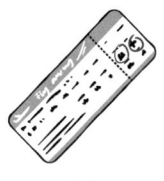

بلیط

Biletë

آسانسور

ashensor

مهر

pulla

مرز

kufi

گمرک

doganë

سفارتخانه

ambasadë

ویزا

vizë

گذرنامه

pasaportë

حمل و نقل

transport

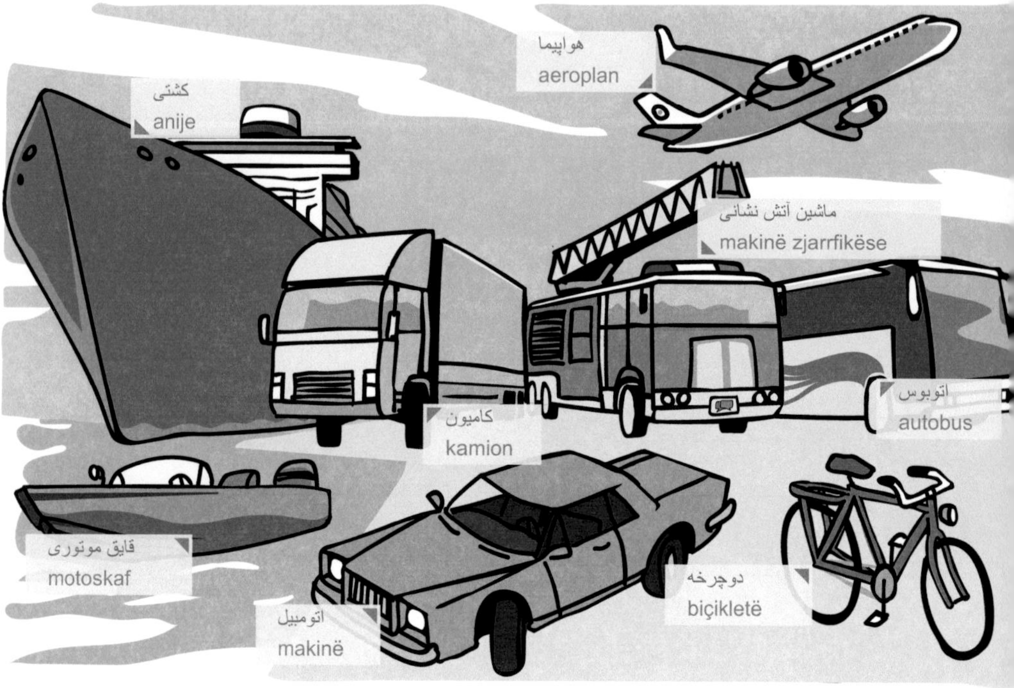

هواپیما
aeroplan
کشتی
anije
ماشین آتش نشانی
makinë zjarrfikëse
اتوبوس
autobus
کامیون
kamion
قایق موتوری
motoskaf
دوچرخه
biçikletë
اتومبیل
makinë

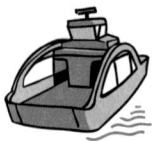

کشتی مسافربری

traget

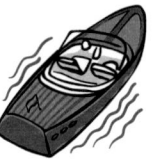

قایق

varkë

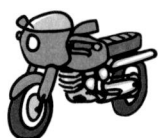

موتورسیکلت

motoçikletë

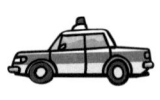

ماشین پلیس

makinë policie

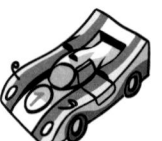

ماشین مسابقه

makinë garash

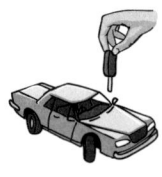

ماشین کرایه ای

makinë me qira

به اشتراک گذاری اتوموبیل

darje e qirasë së makinës

جرثقیل

karroatrec

ماشین حمل زباله

makinë plehrash

موتّور

motor

بنزین

benzinë

پمپ بنزین

pikë karburanti

تابلو راهنمایی و رانندگی

sinjalistikë trafiku

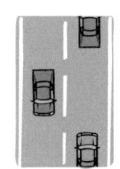

عبور و مرور

trafik

ترافیک

bllokim trafiku

پارکینگ

parkim makinash

ایستگاه قطار

stacion treni

ریل راه آهن

trase

قطار

tren

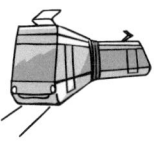

قطار برقی

tramvaj

واگن

karro

هلیکوپتر

helikopter

فرودگاه

aeroport

برج

kullë

مسافر

pasagjer

کانتینر

kontenier

کارتن

kuti kartoni

گاری

qerre

سبد

shportë

به پرواز درآمدن / فرود آمدن

ngrihem / ulem

شهر

qytet

دهکده

fshat

مرکز شهر

qendra e qytetit

خانه

shtëpi

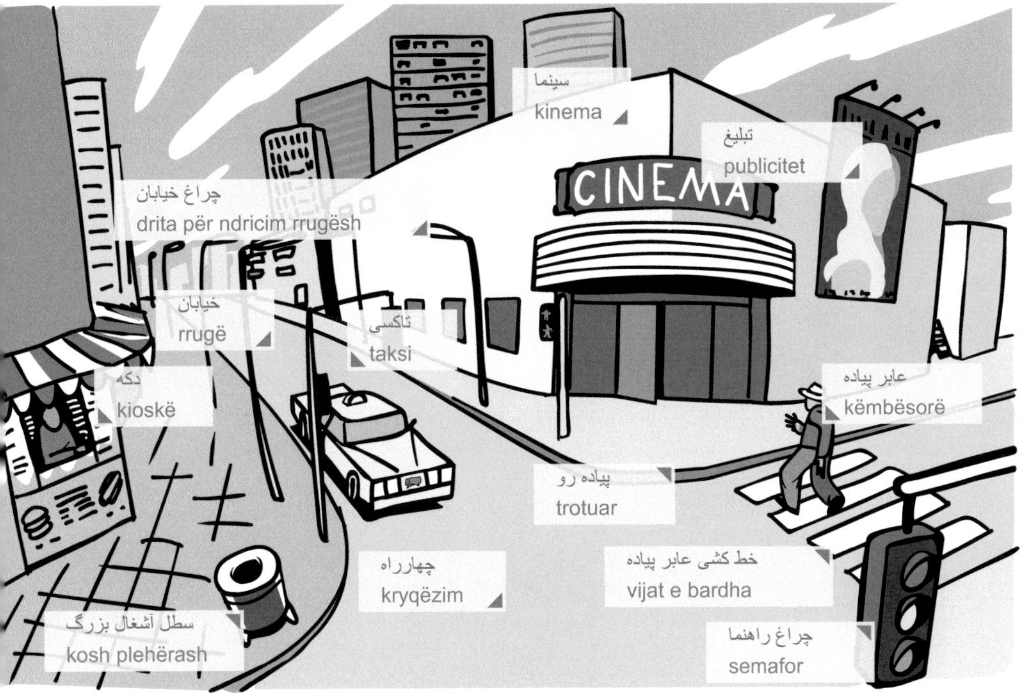

سینما
kinema

تبلیغ
publicitet

CINEMA

چراغ خیابان
drita për ndricim rrugësh

خیابان
rrugë

تاکسی
taksi

عابر پیاده
këmbësorë

دکه
kioskë

پیاده رو
trotuar

خط کشی عابر پیاده
vijat e bardha

چهارراه
kryqëzim

سطل آشغال بزرگ
kosh plehërash

چراغ راهنما
semafor

کلبه
....
kasolle

آپارتمان
....
apartament

ایستگاه قطار
....
stacion treni

ساختمان شهرداری
....
bashki

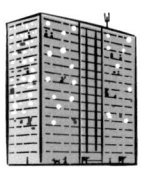

موزه
....
muze

مدرسه
....
shkolla

دانشگاه

universitet

بانک

bankë

بیمارستان

spital

هتل

hotel

داروخانه

farmaci

اداره

zyrë

کتابفروشی

librari

مغازه

dyqan

گل فروشی

dyqan lulesh

سوپرمارکت

supermarket

بازار

market

فروشگاه بزرگ

mapo

ماهی فروش

dyqan peshku

مرکز خرید

qëndër tregtare

بندر

port

پارک

park

نیمکت

stol

پل

urë

پله

shkallë

مترو

metro

تونل

tunel

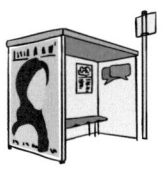

ایستگاه اتوبوس

stacion autobuzi

میخانه

bar

رستوران

restorant

صندوق پست

kuti postare

تابلوی خیابان

sinjalistikë rrugore

دستگاه پارکومتر

kohëmatës parkimi

باغ وحش

kopsht zoologjik

استخر شنای عمومی

pishinë

مسجد

xhami

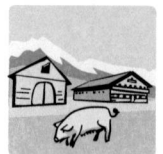

مزرعه

fermë

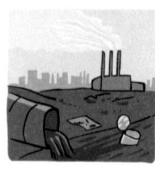

آلودگی محیط زیست

ndotje

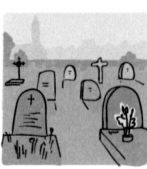

قبرستان

varrezë

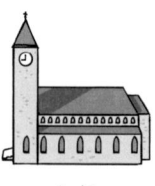

کلیسا

kishë

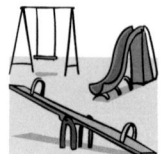

زمین بازی

shesh lojërash

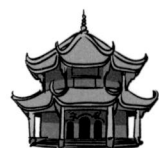

معبد

tempull

چشم انداز

peisazh

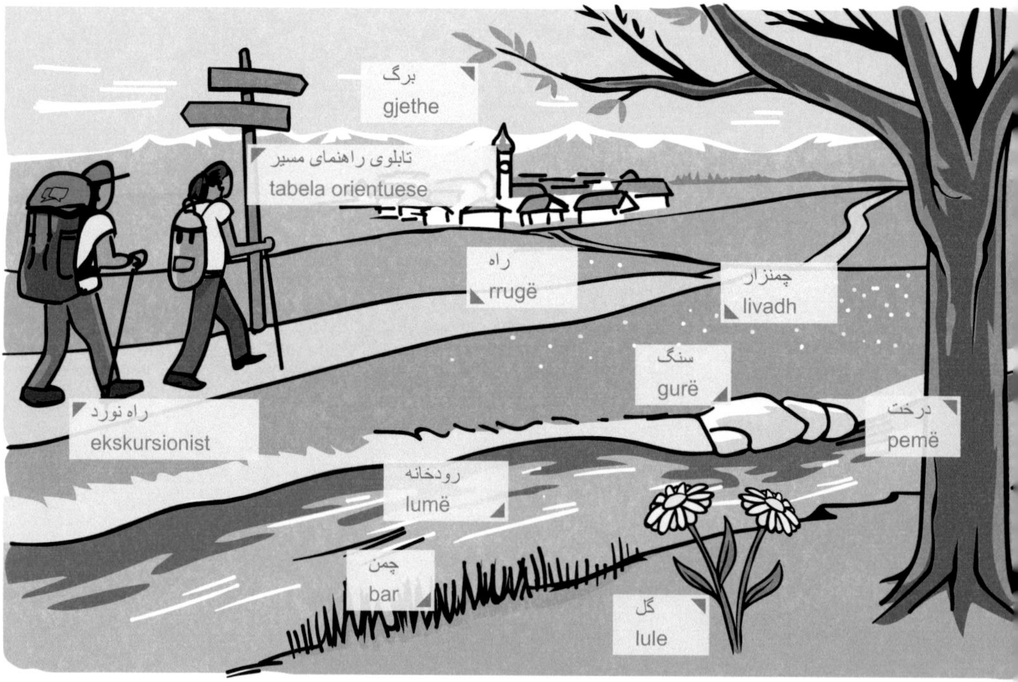
برگ
gjethe
تابلوی راهنمای مسیر
tabela orientuese
راه
rrugë
چمنزار
livadh
سنگ
gurë
راه نورد
ekskursionist
درخت
pemë
رودخانه
lumë
چمن
bar
گل
lule

دره

luginë

تپه

kodër

دریاچه

liqen

جنگل

pyll

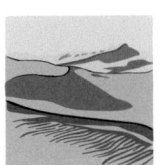

بیابان

shkretëtirë

کوه آتشفشان

vullkan

قلعه

kështjellë

رنگین کمان

ylber

قارچ

kepudhë

درخت نخل

palmë

پشه

mushkonjë

مگس

mizë

مورچه

milingonë

زنبور

bletë

عنکبوت

merimangë

سوسک

brumbull

قورباغه

bretkosë

سنجاب

ketër

جوجه تیغی

iriq

خرگوش صحرایی

lepur

جغد

buf

پرنده

zog

قو

mjellmë

گراز

derr i egër

گوزن نر

dre

گوزن شمالی

dre brilopatë

سد آب

digë

توربین بادی

turbinë ere

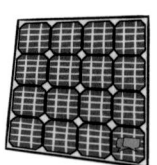

صفحه ی خورشیدی

panel diellor

أب و هوا

klimë

رستوران

restorant

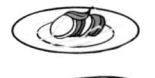

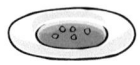

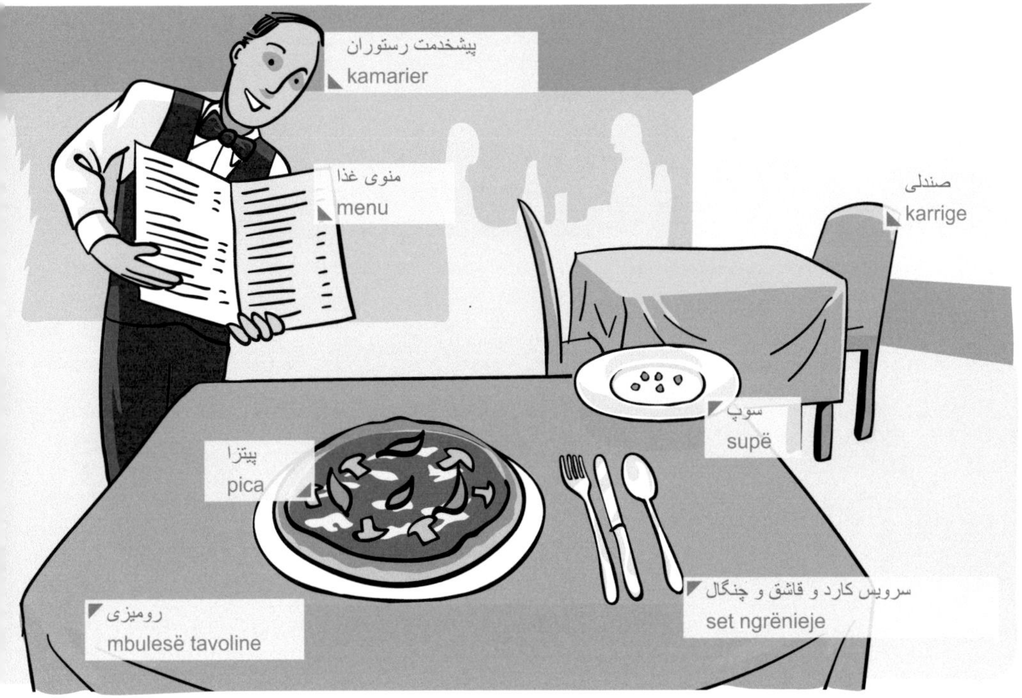

پیشخدمت رستوران
kamarier
منوی غذا
menu
صندلی
karrige
سوپ
supë
پیتزا
pica
سرویس کارد و قاشق و چنگال
set ngrënieje
رومیزی
mbulesë tavoline

پیش‌غذا

pjatë e parë

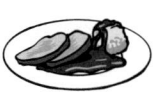

غذای اصلی

pjatë kryesore

دسر

ëmbëlsirë

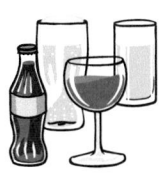

نوشیدنی ها

pije

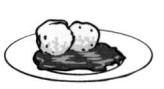

غذا

ushqim

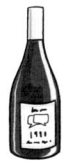

بطری

shishe

فست فود

ushqim i shpejtë

اغذیه خیابانی

ushqim i shërbyer në rrugë

قوری

ibrik çaji

قندان

kuti sheqeri

پُرس غذا

racion

دستگاه اسپرسو

makinë kafeje ekspres

صندلی پایه بلند غذاخوری بچه

karrige e lartë

صورتحساب

faturë

سینی

tabaka

چاقو

thika

چنگال

pirun

قاشق

lugë

قاشق چایخوری

lugë çaji

دستمال سفره

pecetë

لیوان

gotë

رستوران - restorant

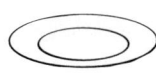

بشقاب

pjatë

بشقاب سوپخوری

pjatë supe

نعلبكی

pjatë filxhani

سس

salcë

نمکدان

mbajtëse kripe

ساب فلفل

mulli piperi

سرکه

uthull

روغن خوراکی

vaj

ادویه جات

erëza

سس کچاپ

keçap

سس خردل

mustardë

سس مایونز

majonezë

سوپرمارکت

supermarket

پیشنهاد ویژه
ofertë speciale
FOR
مشتری
klient
لبنیات
produkte bulmeti
میوه جات
frut
چرخ دستی خرید
karrocë pazari

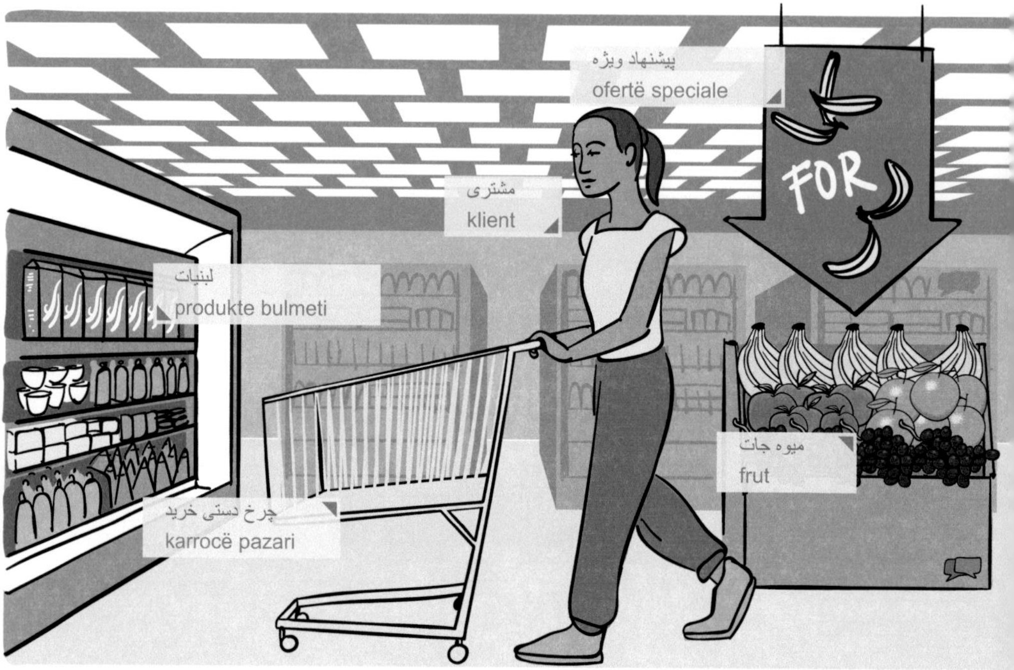

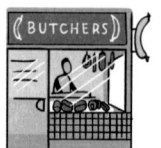

BUTCHERS

قصابی

dyqan mishi

BAKERY

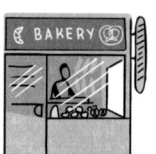

نانوایی

furrë buke

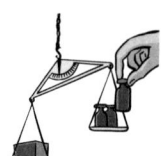

وزن کردن

peshoj

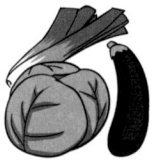

سبزیجات

perime

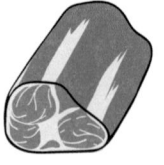

گوشت

mish

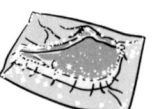

غذای منجمد

ushqim i ngrirë

مخلوطی از انواع کالباس یا پنیر که
ورقه ای بریده شده باشند
....
copë

غذای کنسروی
....
ushqim i konservuar

پودر لباسشویی
....
pluhur larës

شیرینی جات
....
ëmbëlsirat

لوازم خانگی
....
prodhime shtëpie

ماده شوینده و پاک کننده
....
produkte pastrimi

فروشنده
....
shitëse

صندوق پرداخت
....
kasë fiskale

صندوقدار
....
arkëtar

لیست خرید
....
listë blerjeje

ساعات کار
....
oraret e punës

کیف پول
....
portofol

کارت اعتباری
....
kartë krediti

کیف
....
çantë

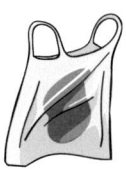

کیسه ی پلاستیکی
....
qese plastike

آب

ujë

آبمیوه

lëng frutash

شیر

qumësht

نوشابه کوکاکولا

koka-kola

شراب

verë

آبجو

birrë

الکل

alkool

کاکائو

kakao

چای

çaj

قهوه

kafe

قهوه اسپرسو

kafe ekspres

کاپوچینو

kapuçino

موز

banane

سیب

mollë

پرتقال

portokalle

انواع هندوانه و خربزه

pjepër

لیمو

limon

هویج

karrotë

سیر

hudhër

نی بامبو

bambu

پیاز

qepë

قارچ

kërpudha

أجیل

arra

ماکارونی

makarona

اسپاگتی

spageti

برنج

oriz

سالاد

sallatë

سیب زمینی سرخ کرده

patate të skuqura

سیب زمینی سرخ شده

patate të skuqura

پیتزا

pica

همبرگر

hamburger

ساندویچ

sanduiç

شنیتسل

shnicel

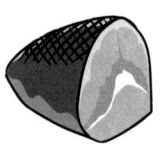

ژامبون خوک

proshutë

سالامی

sallam

سوسیس

salçiçe

مرغ

pulë

نوعی گوشت سرخ شده

skuq

ماهی

peshk

جوی پرک شده

tërshërë

نوعی صبحانه مخلوطی از برگه ذرت و میوه های خشک شده و خشکبار که معمولا با شیر خورده می شود

drithëra

کورنفلکس

kornfleiks

آرد

miell

کرواسان

kruasant

نان بروتشن

panine

نان

bukë

نان تست

tost

بیسکویت

biskotë

گره

gjalp

کشک

gjizë

کیک

tortë

تخم مرغ

vezë

تخم مرغ نیمرو

vezë sy

پنیر

djathë

بستنی

akullore

شکر

sheqer

عسل

mjaltë

مربا

marmaladë

کرم شکلاتی بادامی

çokokrem

ادویه کاری

këri

مزرعه
fermë

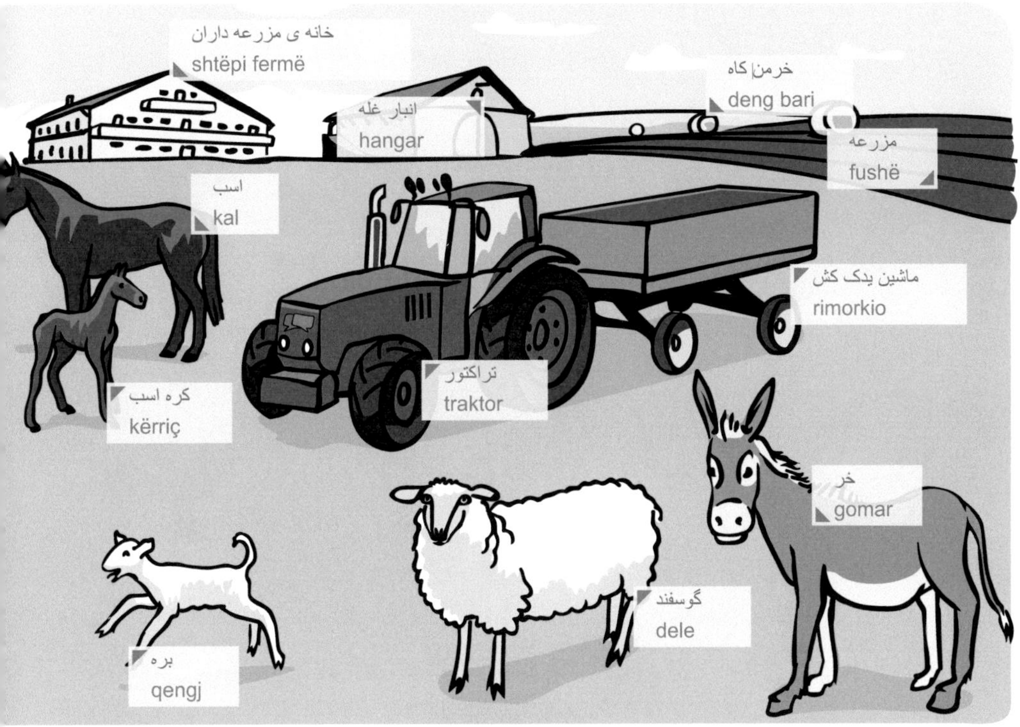

خانه ی مزرعه داران
shtëpi fermë
انبار غله
hangar
خرمن کاه
deng bari
مزرعه
fushë
اسب
kal
ماشین یدک کش
rimorkio
تراکتور
traktor
کره اسب
kërriç
خر
gomar
گوسفند
dele
بره
qengj

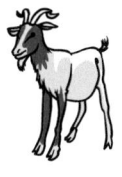

بز

dhi

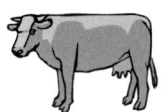

گاو ماده

lopë

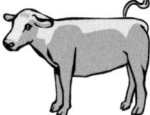

گوساله

viç

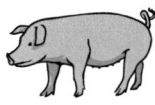

خوک

derr

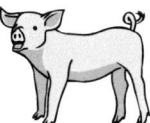

بچه خوک

derrkuc

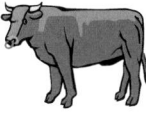

گاو نر

dem

غاز

patë

اردک

rosë

جوجه

zog pule

مرغ

pulë

خروس

gjel

موش صحرایی

mi

گربه

mace

موش

mi

گاو نر اخته

buall

سگ

qen

لانه ی سگ

kolibe qeni

شلنگ باغبانی

zorrë vaditëse

آبپاش

vaditëse

داس دسته بلند

kosë

گاوآهن

plug

داس

drapër

بیل کج

shat

چنگک باغبانی

kosa

تبر

sëpatë

فرقون

karrocë

آبشخور

govatë

بطری نگهداری شیر

bidon qumështi

کیسه

thes

حصار

gardh

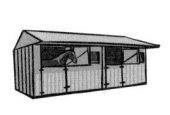

اصطبل

ahur

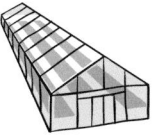

گلخانه

serë

خاک

dhe

بذر

farë

کود

pleh

ماشین کمباین

autokombanjë

برداشت کردن محصول

korr

محصول

te korrat

تمیس

patate e ëmbël "Yam"

گندم

grurë

سویا

soja

سیب زمینی

patate

ذرت

misër

کلزا

raps

درخت میوه

pemë frutore

گیاه مانیوک

zhardhok manioku

غلات

drithëra

خانه

shtëpi

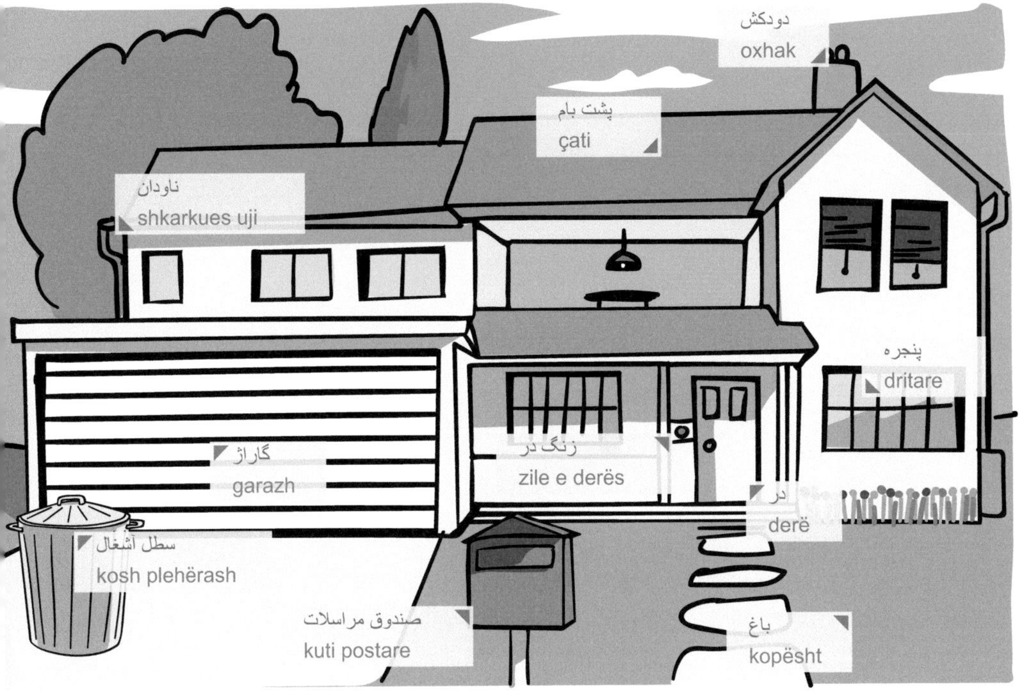
دودکش
oxhak
پشت بام
çati
ناودان
shkarkues uji
پنجره
dritare
گاراژ
garazh
زنگ در
zile e derës
در
derë
سطل آشغال
kosh plehërash
صندوق مراسلات
kuti postare
باغ
kopësht

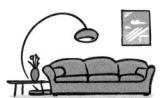

اتاق نشیمن

dhomë ndenjeje

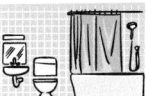

حمام

tualet

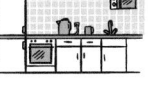

آشپزخانه

kuzhinë

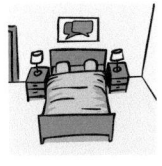

اتاق خواب

dhomë gjumi

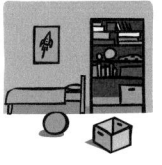

اتاق بچه

dhomë fëmijësh

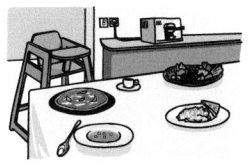

ناهارخوری

dhomë ngrënieje

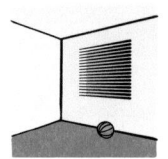

کف زمین

dysheme

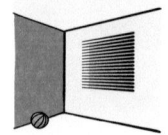

دیوار

mur

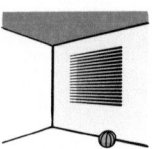

سقف

tavan

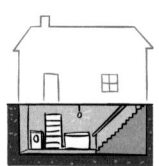

زیرزمین

bodrum

سونا

sauna

بالکن

ballkon

تراس

tarracë

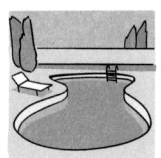

استخر

pishinë

ماشین چمنزنی

kositëse bari

ملافه

çarçaf

روتختی

kuvertë

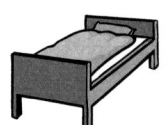

تخت خواب

krevat

جارو

fshesë dore

سطل

kovë

سویچ یا کلید

çelës

اتاق نشیمن
dhomë ndenjeje

کاغذ دیواری
tapiceri
عکس
fotografi
لامپ
llambë
قفسه
raft
کابینت
dollap
تلویزیون
pajisje televizive
شومینه
vatër
گل
lule
کوسن
jastëk
کاناپه
divan
گلدان
vazo
کنترل تلویزیون و ویدئو و غیره
telekomandë

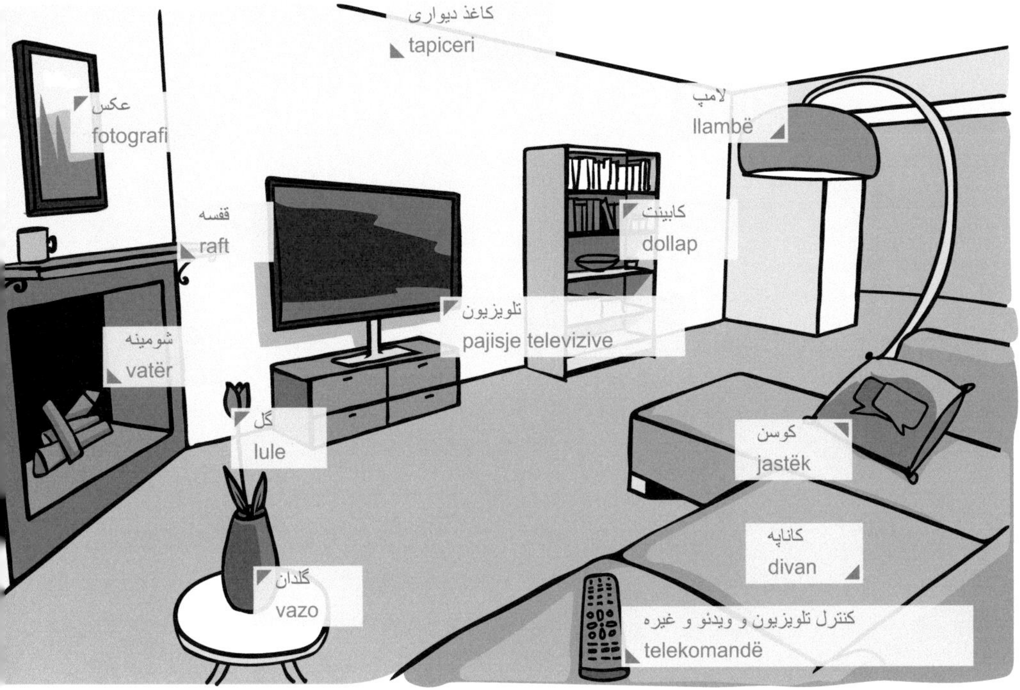

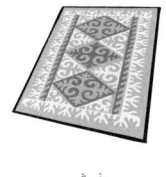

فرش

qilim

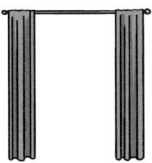

پرده

perde

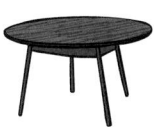

میز

tavolinë

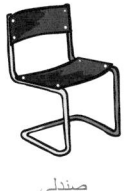

صندلی

karrige

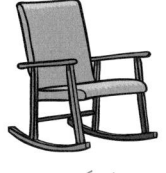

صندلی گهواره ایی

karrige lëkundëse

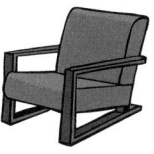

صندلی راحتی

kolltuk

کتاب

libri

لحاف

batanije

دکوراسیون

zbukurime

هیزم

dru zjarri

فیلم

film

دستگاه ضبط صوت

stereo

کلید

çelës

روزنامه

gazetë

تابلو نقاشی

pikturë

پوستر

afishe

رادیو

radio

دفترچه یادداشت

bllok shënimesh

جاروبرقی

fshesë me korent

کاکتوس

kaktus

شمع

qiri

آشپزخانه

kuzhinë

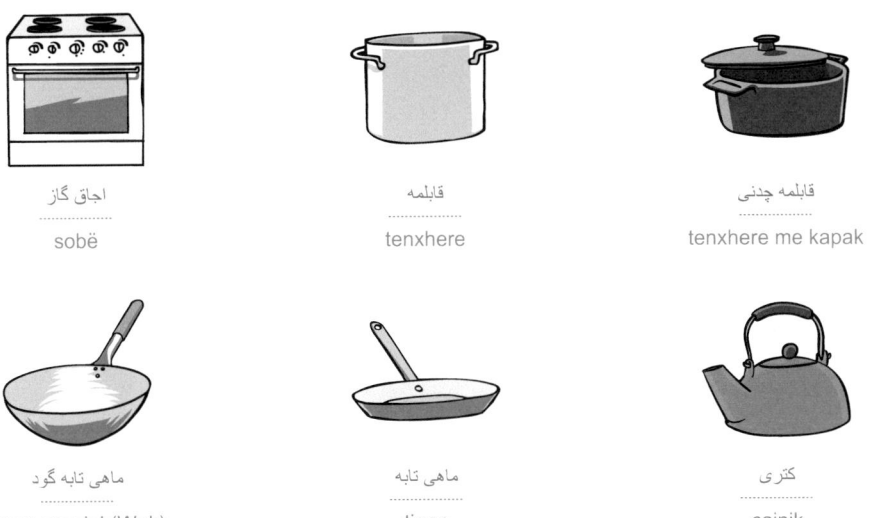

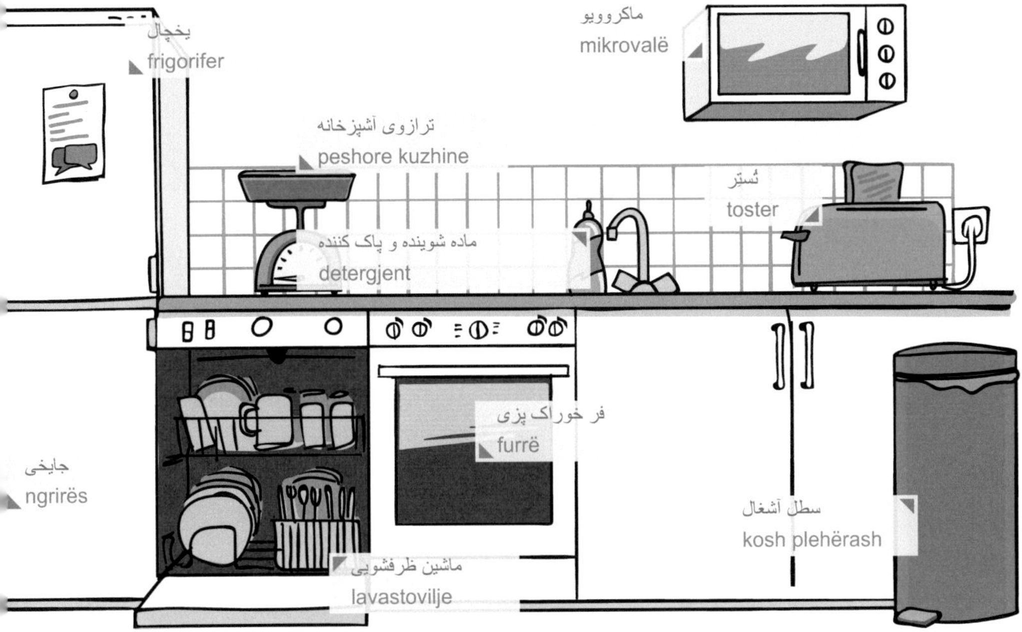

یخچال
frigorifer
ماکروویو
mikrovalë
ترازوی آشپزخانه
peshore kuzhine
تُستر
toster
ماده شوینده و پاک کننده
detergjent
فر خوراک پزی
furrë
جایخی
ngrirës
سطل آشغال
kosh plehërash
ماشین ظرفشویی
lavastovilje

اجاق گاز

sobë

قابلمه

tenxhere

قابلمه چدنی

tenxhere me kapak

ماهی تابه گود

tigan special (Wok)

ماهی تابه

tigan

کتری

çajnik

بخارپز

tenxhere me avull

سینی فر

tavë pjekjeje

ظرف چینی آشپزخانه

enë

لیوان

filxhan

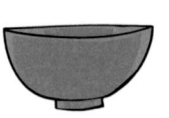

کاسه

tas

چاپستیک

shkopinj

ملاقه

garuzhde

کفگیر

spatul

همزن

tel kuzhine

آبکش

kulluese

آبکش

sitë

رنده

rende

هاون

havan

باربیکیو

skarë

محل مخصوص افروختن آتش

zjarr

تخته گوشت و سبزی

dërrasë për prerje

وردنه

okllai

در بطری بازکن

heqëse tapash

قوطی

kanaçe

در قوطی بازکن

hapëse kanaçeje

دستگیره پارچه ای

rrobë për të kapur
tenxheren

سینک ظرفشویی

lavaman

برس گردگیری

furçë

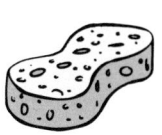

اسفنج

sfungjer

مخلوط کن

përzjerës

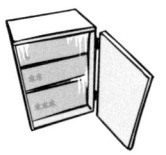

فریزر

ngrirës

شیشه شیر بچه

biberon për lëngje

شیر آب

rubinet

حمام

tualet

بخاری
ngrohje
دوش
dush
حوله
peshqirë
پرده ی حمام
perde dushi
حمام کف
vaskë me shkumë
وان حمام
vaskë
لیوان
gotë
ماشین لباسشویی
lavatriçe
شیر آب
rubinet
کاشی
pllaka
لگن دستشویی کودکان
oturak
سینک ظرفشویی
lavaman

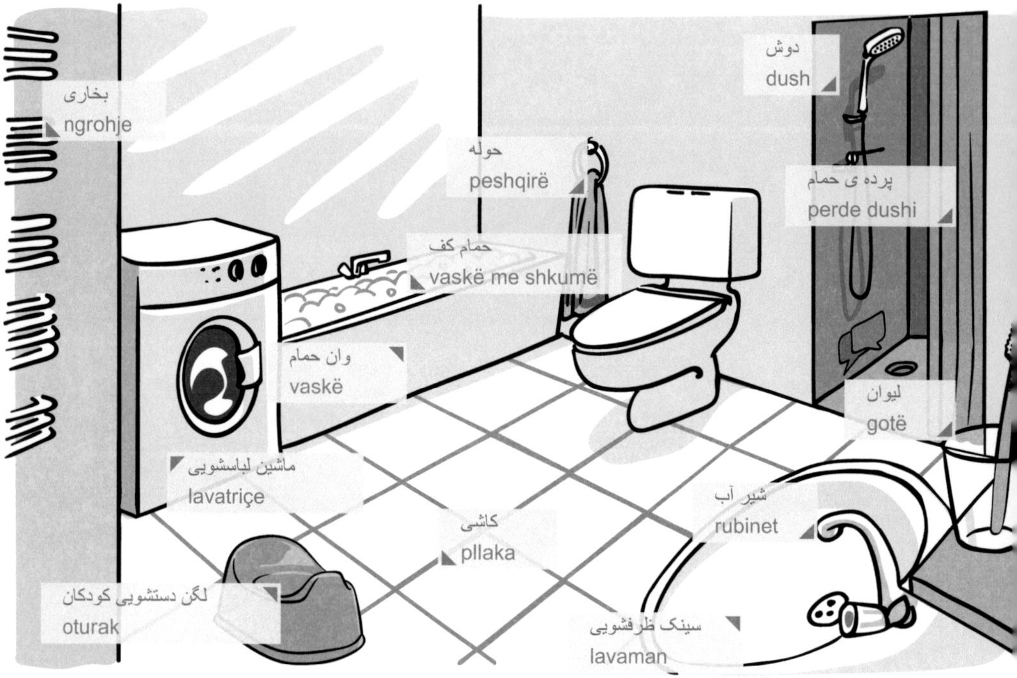

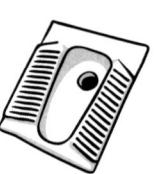

توالت

tualet

توالت ایرانی

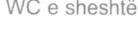

WC e sheshtë

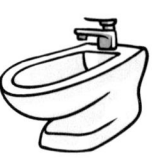

کاسه توالت

bide

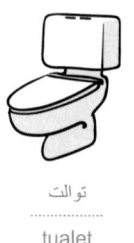

توالت مخصوص آقایان

tualet publik

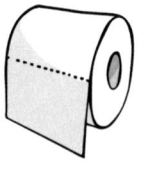

دستمال توالت

letër higjienike

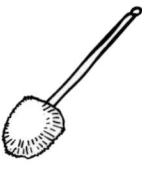

فرچه توالت

furçe për WC

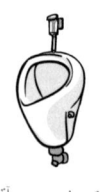

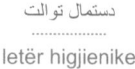

مسواک

furçë dhëmbësh

خمیردندان

pastë dhëmbësh

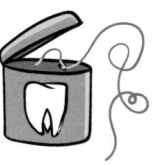

نخ دندان

fije dentare

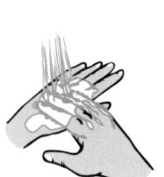

شستن

laj

دوش آب تلفنی

dorezë dushi

شلنگ توالت

larës për zonën intime

لگن روشویی

legen

برس شست و شوی پشت

furçë për masazh shpine

صابون

sapun

شامپو بدن

shampo trupi

شامپو

shampo

لیف حمام

leckë pastruese

راه آب

kullues

کرم

krem

اسپری دئودورانت

antidjersë

آیینه

pasqyrë

آیینه ی کوچک دستی

pasqyrë dore

تیغ ریش تراشی

brisk rroje

کف ریش تراشی

shkumë rroje

افترشیو

locion pas rrojes

شانه ی سر

krehër

برس

furçë

سشوار

tharëse flokësh

اسپری مو

llak për flokët

آرایش

grim

رژلب

buzëkuq

لاک ناخن

manikyr

پنبه

mbushje pambuku

قیچی ناخن

gërshërë për thonj

عطر

parfum

کیف لوازم آرایشی و بهداشتی

antë për sendet personale

چهارپایه

Stol

ترازو

peshore

حوله ی پالتویی

robëdëshambër

دستکش ظرفشویی

dorashka gome

تامپون

tampon

نوار بهداشتی

peceta higjienike

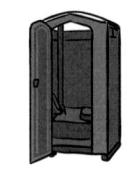

توالت سیار

tualet l lëvizshëm

اتاق بچه

dhomë fëmijësh

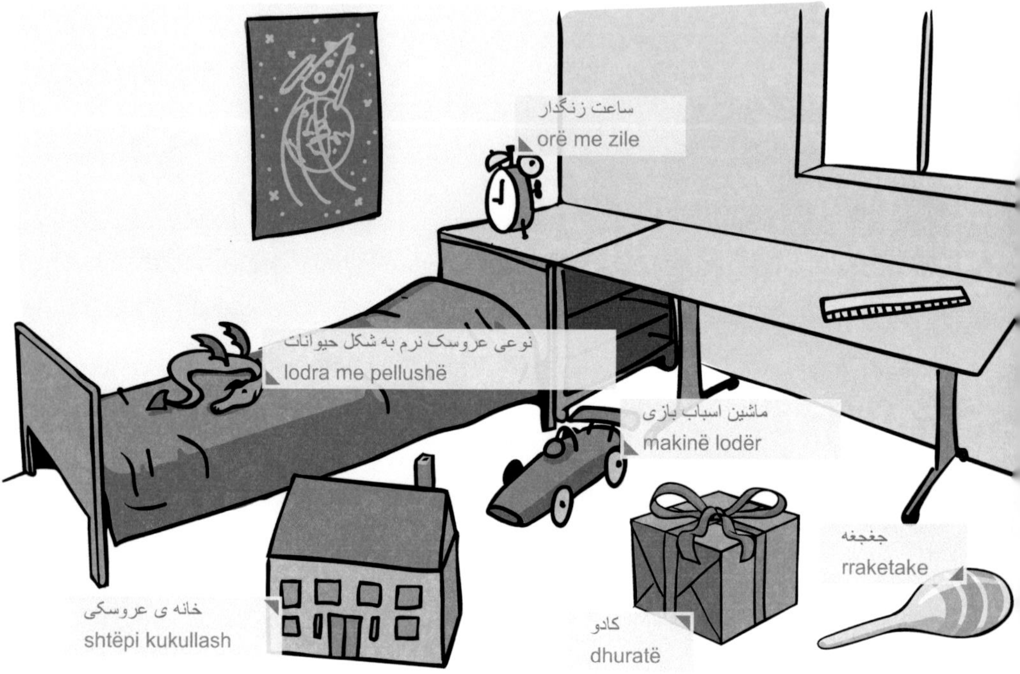
ساعت زنگدار
orë me zile
نوعی عروسک نرم به شکل حیوانات
lodra me pellushë
ماشین اسباب بازی
makinë lodër
جغجغه
rraketake
خانه ی عروسکی
shtëpi kukullash
کادو
dhuratë

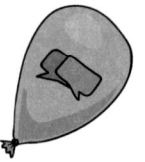

بادکنک

tollumbace

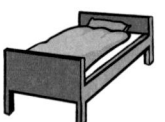

تخت خواب

krevat

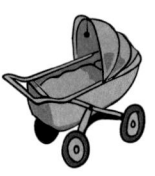

کالسکه بچه

karrocë fëmijësh

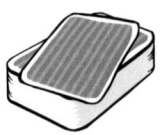

بازی ورق

lojë me letra

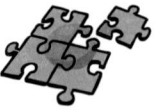

پازل

bashkim pjesësh me figura

SUPER
MEGA

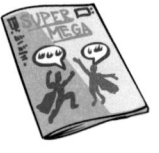

داستان مصور

komik

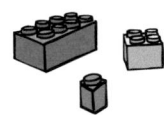

اسباب بازی لگو

formuese lodër

خانه سازی

kuba plastikë

عروسک شخصیت های فیلم و کارتون

lodra

لباس نوزاد

badi

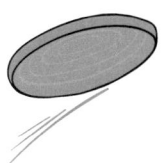

فریزبی

frizbi

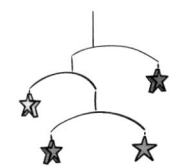

نوعی اسباب بازی که روی تخت نوزاد
یا کودک نصب می شود

lodra të varura tek krevati i
fëmijëve

بازی روی صفحه

tavolinë lojërash

تاس

zare

قطار اسباب بازی

model treni

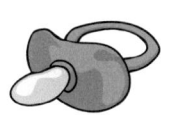

پستانک

biberon

مهمانی

festë

کتاب مصور

libër me ilustrime

توپ

top

عروسک

kukull

بازی کردن

luaj

جعبه شنی مخصوص بازی کودکان

grumbull rëre

تاب

kolovarëse

اسباب بازی

lodra

کنسول بازی های کامپیوتری

leva për lojra video

سه چرخه

triçikël

خرس عروسکی

arush prej pellushi

کمد لباس

garderobë

جوراب

çorape

جوراب زنانه ساق بلند

çorape të gjata

جوراب شلواری

geta

شال
shall

چتر
çadër

تی شرت
bluzë pa jakë

کمربند
rrip

پوتین
çizme

دمپایی
pantofla

کفش ورزشی کتانی
atlete

صندل
sandale

کفش
këpucë

چکمه پلاستیکی
çizme llastiku

شرت
të mbathura

سوتین
reçipeta

جلیقه
kanotierë

بادی

trup

شلوار

pantallona

جین

xhinse

دامن

fund

بلوز

bluzë

پیراهن

këmishë

پولیور

pulovër

سویی شرت

triko

نوعی کت

xhaketë

ژاکت

xhaketë

کت بلند

pallto

بارانی

mushama shiu

لباس نمایش

kostum

لباس

fustan

لباس عروس

fustan nusërie

کت و شلوار

kostum

لباس خواب زنانه

këmishë nate

پیژامه

pizhama

ساری

sari (veshje tradicionale indiane)

روسری

shami koke

عمامه

çallmë

برقع

veshje për femrat e besimit musliman

قبا

kaftan (lloj veshjeje tradicionale)

عبا

ferexhe

لباس شنا

kostum banje

شرت شنا

rroba banje

شلوارک

pantallona të shkurtra

لباس ورزشی

tuta sporti

پیشبند

përparëse

دستکش

dorashka

دكمه

kopsë

عینک

syze

دستّبند

byzylyk

گردنبند

gjerdan

انگشتر

unazë

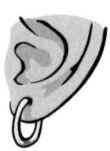

گوشواره

vath

کلاه لبه دار

kapuç

چوب لباسی

varëse për pallto

کلاه

kapele

کراوات

kravatë

زیپ

zinxhir

کلاه ایمنی

helmetë

بند شلوار

tiranda

لباس مدرسه

uniformë shkolle

لباس فرم

uniformë

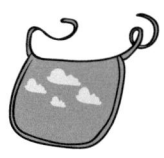

پیش بند بچه

gushore

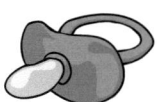

پستانک

biberon

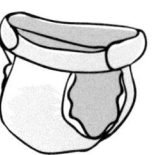

پوشک بچه

pelenë

اداره

zyrë

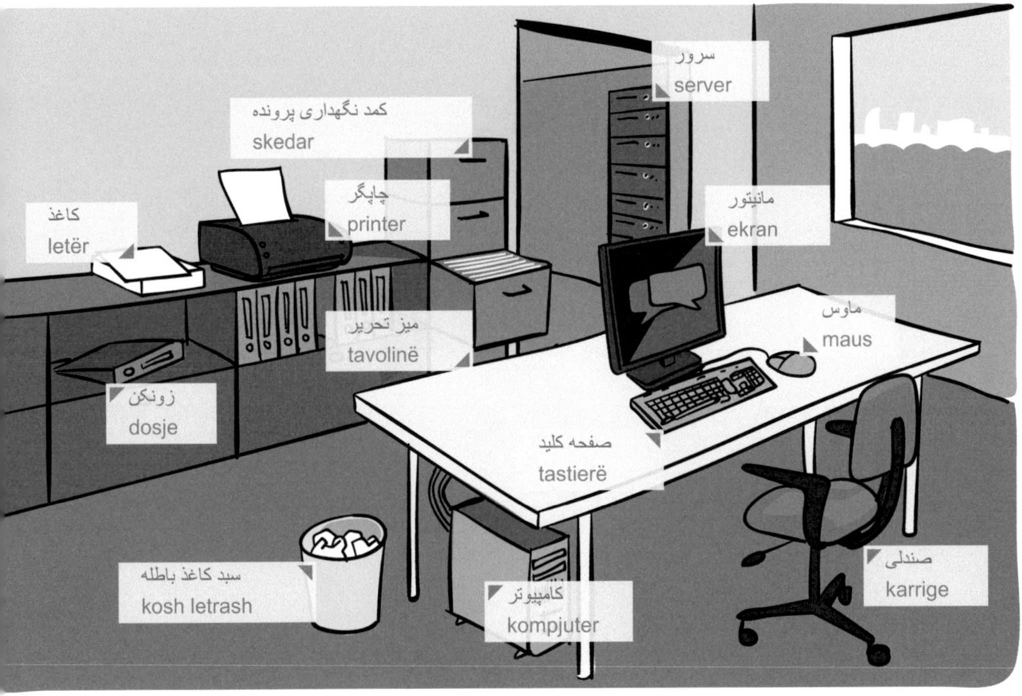

سرور
server
کمد نگهداری پرونده
skedar
کاغذ
letër
چاپگر
printer
مانیتور
ekran
ماوس
maus
میز تحریر
tavolinë
زونکن
dosje
صفحه کلید
tastierë
سبد کاغذ باطله
kosh letrash
کامپیوتر
kompjuter
صندلی
karrige

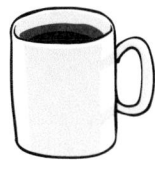

لیوان قهوه

filxhan kafeje

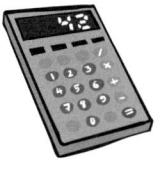

ماشین حساب

makinë llogaritëse

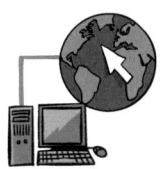

اینترنت

internet

لپ تاپ

kompjuter portativ

نامه

letër

پیغام

mesazh

تلفن همراه

telefon

شبکه ی ارتباطی

rrjet

دستگاه فتوکپی

fotokopje

نرم افزار

program

تلفن

telefon

پریز

prizë

دستگاه فاکس

pajisje faksi

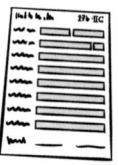

فرم

formular

مدرک

dokument

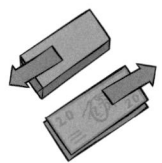

خريدن

blej

پرداخت کردن

paguaj

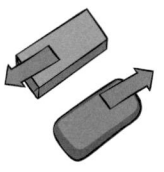

تجارت کردن

tregtoj

پول

para

دلار

dollar

يورو

euro

ين

jen

روبل

rubla

فرانک سوئیس

franga zvicerane

يوان رنمينبى

juani kinez

روپیه

rupje

دستگاه خودپرداز

bankomat

صرافی

pikë këmbimi valutor

طلا

ar

نقره

argjend

نفت

nafta

انرژی

energji

قیمت

çmim

قرارداد

kontratë

مالیات

taksë

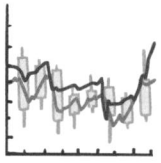

سهام سرمایه

aksione

کار کردن

punoj

کارمند

punonjës

کارفرما

punëdhënës

کارخانه

fabrikë

مغازه

dyqan

مشاغل
profesionet

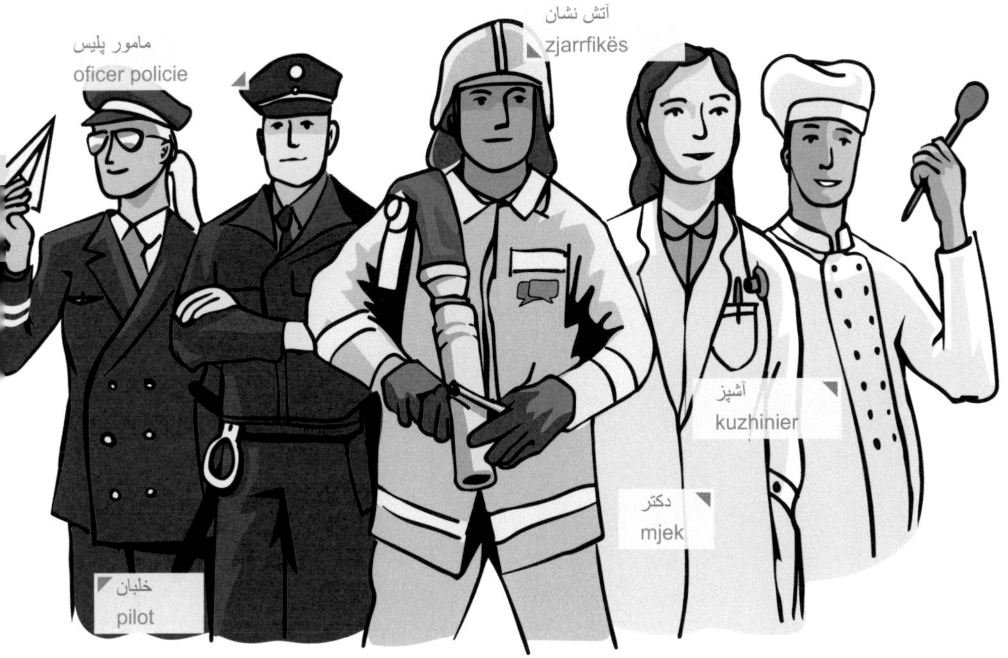

مامور پلیس
oficer policie
آتش نشان
zjarrfikës
آشپز
kuzhinier
دکتر
mjek
خلبان
pilot

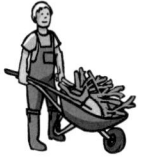

باغبان

kopshtar

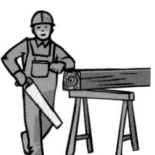

نجار

marangoz

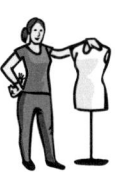

خیاط زنانه

rrobaqepëse

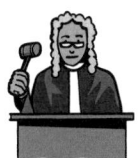

قاضی

gjykatës

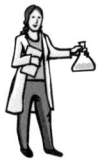

شیمیدان

kimist

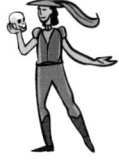

بازیگر

aktor

راننده اتوبوس

shofer autobuzi

راننده تاکسی

taksist

ماهیگیر

peshkatar

نظافتچی زن

pastruese

سقف ساز

riparues çatish

پیشخدمت رستوران

kamarier

شکارچی

gjuetar

نقاش

piktor

نانوا

furrxhi

برقکار

elektriçist

کارگر ساختمانی

ndërtues

مهندس

inxhinier

قصاب

kasap

لوله کش

hidraulik

پستچی

postieri

54

سرباز

ushtar

معمار

arkitekt

صندوقدار

arkëtar

گل فروش

luleshitës

آرایشگر

berber

مامور کنترل بلیط در قطار

kontrollor

مکانیک

mekanik

ناخدا

kapiten

دندانپزشک

dentist

دانشمند

shkencëtar

عالم یهودی

rabin

امام

imam

راهب

murg

کشیش

klerik

ابزارآلات

mjete

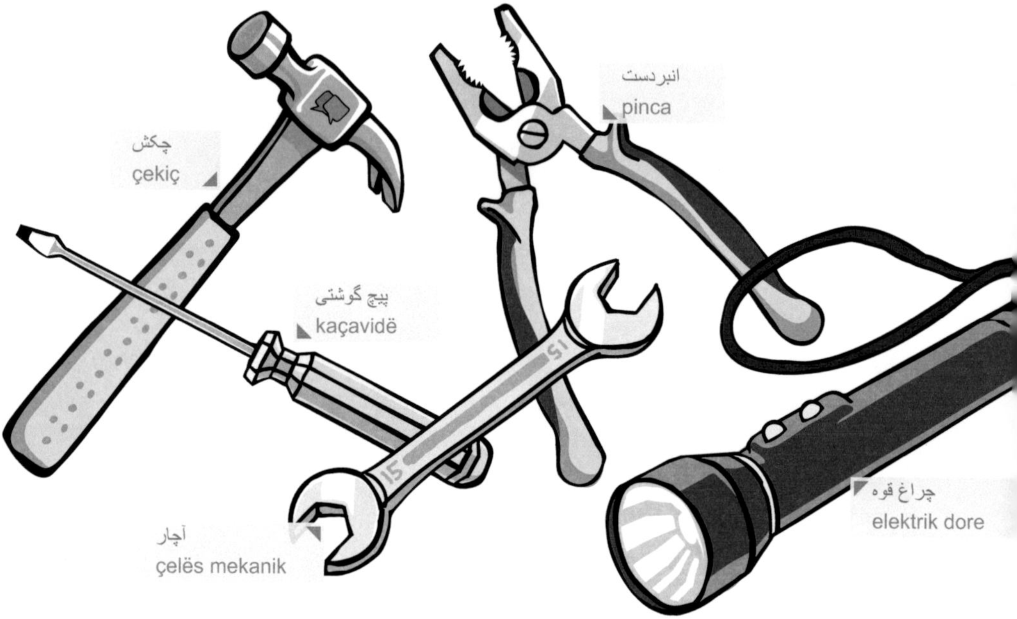
انبردست
pinca
چکش
çekiç
پیچ گوشتی
kaçavidë
چراغ قوه
elektrik dore
آچار
çelës mekanik

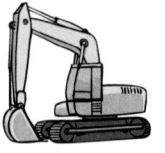

بیل مکانیکی

ekskavator

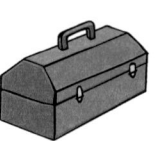

جعبه ابزار

kuti veglash

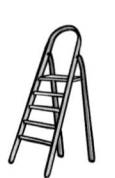

نردبان

shkallë

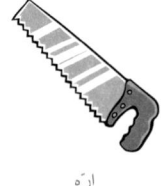

ارّه

sharrë

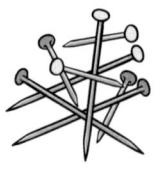

میخ

gozhdë

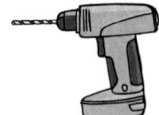

مته

trapan

تعمیر کردن

riparoj

بیل

lopatë

لعنتی!

Dreq!

خاک انداز

kaci

سطل رنگرزی

kuti boje

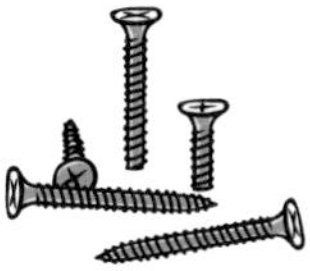

پیچ

vidhë

آلات موسیقی

آلات موسیقی

instrumenta muzikorë

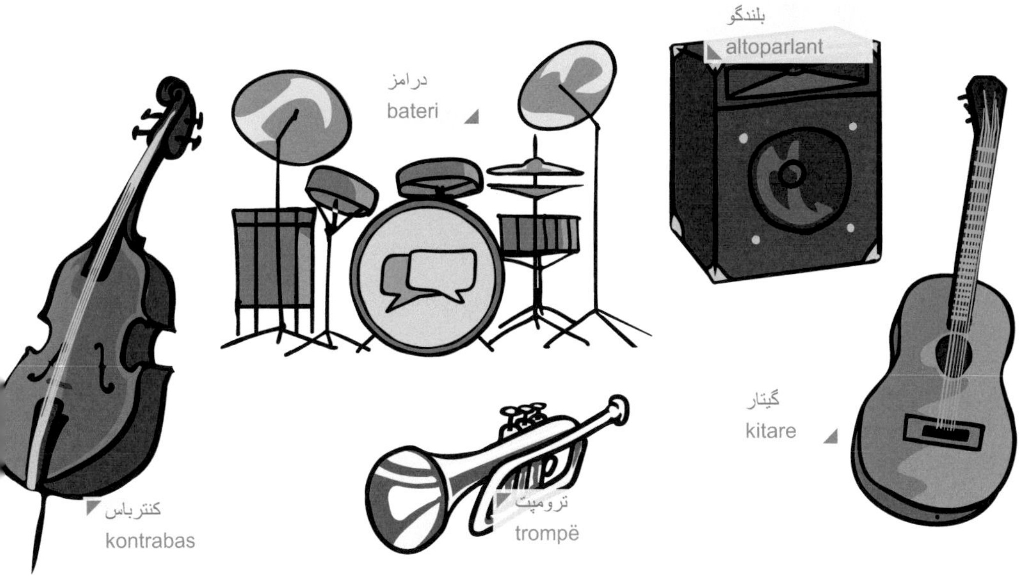

بلندگو

altoparlant

درامز

bateri ◢

گیتار

kitare ◢

◢ کنترباس

kontrabas

ترومپت

trompë

پیانو

piano

ویولن

violinë

گیتار بیس

bas

تیمپانی

tamburë

طبل

daulle

کیبورد الکتریک

tastierë pianoje

ساکسیفون

saksofon

فلوت

flaut

میکروفون

mikrofon

باغ وحش
kopsht zoologjik

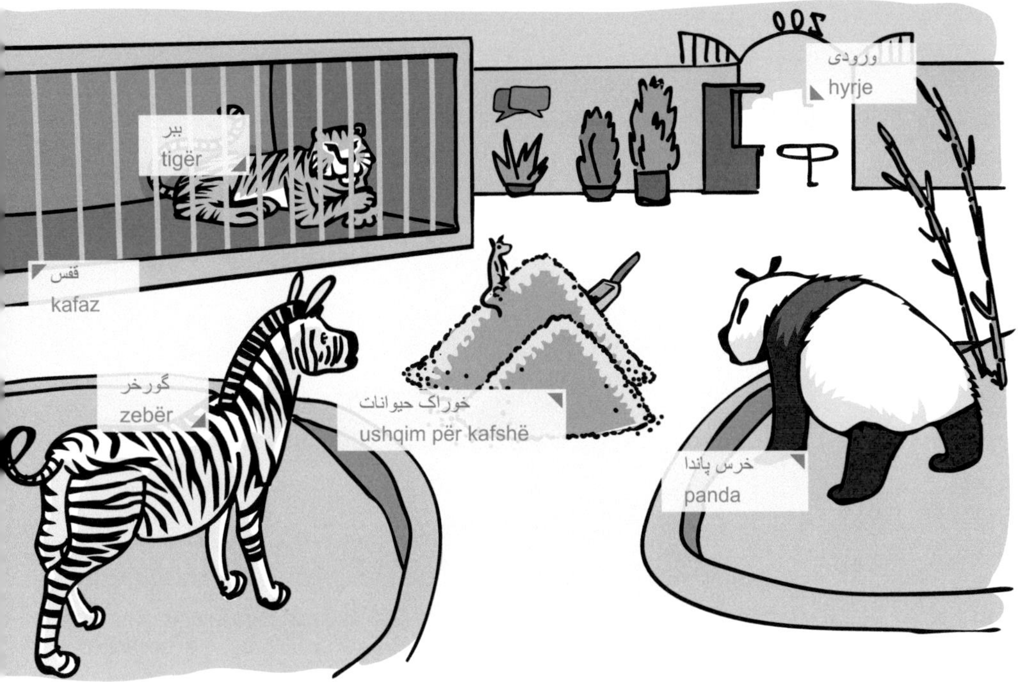

ورودی
hyrje
ببر
tigër
قفس
kafaz
گورخر
zebër
خوراک حیوانات
ushqim për kafshë
خرس پاندا
panda

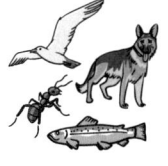

حیوانات

kafshë

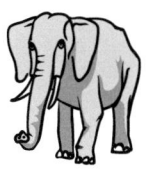

فیل

elefant

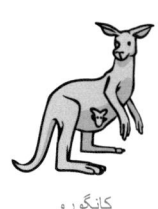

کانگورو

kangur

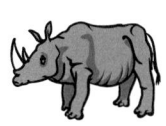

کرگدن

rinoceront

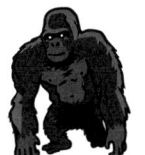

گوریل

gorillë

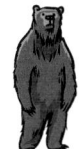

خرس

ari

شتر

deve

شترمرغ

struc

شیر

luan

میمون

majmun

فلامینگو

flamingo

طوطی

papagall

خرس قطبی

ari polar

پنگوئن

pinguin

کوسه

peshkaqen

طاووس

pallua

مار

gjarpër

تمساح

krokodil

نگهبان باغ وحش

punonjës i kopshtit zoologjik

خوک آبی

fokë

پلنگ امریکایی

xhaguar

اسب کوچک

poni

پلنگ

leopard

اسب آبی

hipopotam

زرافه

gjirafë

عقاب

shqiponjë

گراز

derr i egër

ماهی

peshk

لاک پشت

breshkë

شیرماهی

lopë deti

روباه

dhelpër

غزال

gazelë

فوتبال آمریکایی
futboll amerikan

دوچرخه سواری
çiklizëm

تنیس
tenis

بسکتبال
basketboll

شنا
not

هاکی روی یخ
hokej mbi akull

بوکس
boks

فوتبال
futboll

بدمینتون
badminton

دوومیدانی
atletikë

هندبال
hendboll

اسکی
ski

پولو
polo

فعالیت ها

aktivitet

خندیدن
qesh
پریدن
hidhem
بغل کردن
përqafoj
راه رفتن
eci
آواز خواندن
këndoj
رؤیا دیدن
ëndërroj
دعا کردن
lutem
بوسیدن
puth

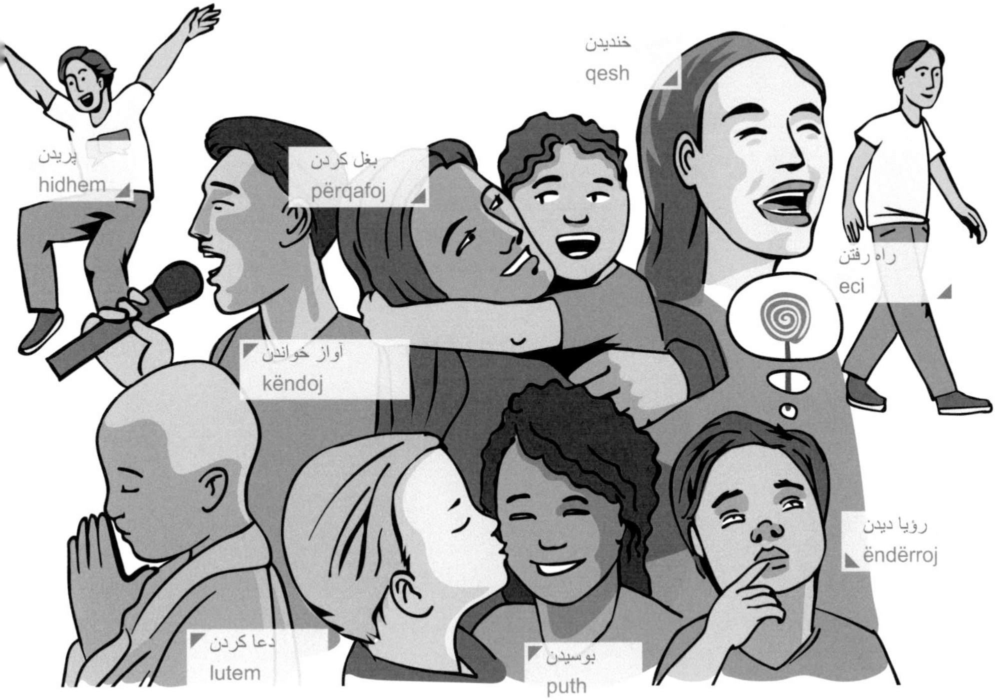

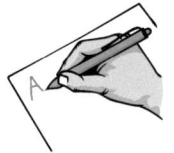

نوشتن

shkruaj

رسم کردن

vizatoj

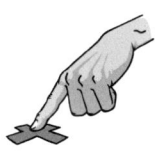

نشان دادن

tregoj

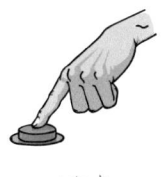

هل دادن

shtyj

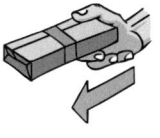

دادن

jap

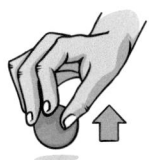

برداشتن

marr

داشتن

kam

انجام دادن

bëj

بودن

jam

ایستادن

qëndroj

دویدن

vrapoj

کشیدن

tërheq

پرتاب کردن

hedh

افتادن

bie

دراز کشیدن

shtrihem

منتَظِر بودن

pres

حمل کردن

mbaj

نشستن

ulem

لباس پوشیدن

vishem

خوابیدن

fle

بیدار شدن

zgjohem

تماشا کردن

shikoj

گریه کردن

qaj

نوازش کردن

përkëdhel

شانه کردن

kreh

حرف زدن

bisedoj

فهمیدن

kuptoj

پرسیدن

kërkoj

شنیدن

dëgjoj

آشامیدن

pi

خوردن

ha

مرتب کردن

sistemoj

عاشق بودن

dashuroj

پختن

gatuaj

رانندگی کردن

drejtoj makinën

پرواز کردن

fluturoj

قایقرانی کردن

lundroj

محاسبه کردن

llogaris

خواندن

lexoj

یاد گرفتن

mësoj

کار کردن

punoj

ازدواج کردن

martohem

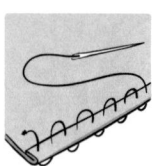

دوختن

qep

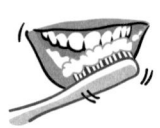

مسواک زدن

laj dhëmbët

کشتن

vras

سیگار کشیدن

tymos

فرستادن

dërgoj

خانواده

familje

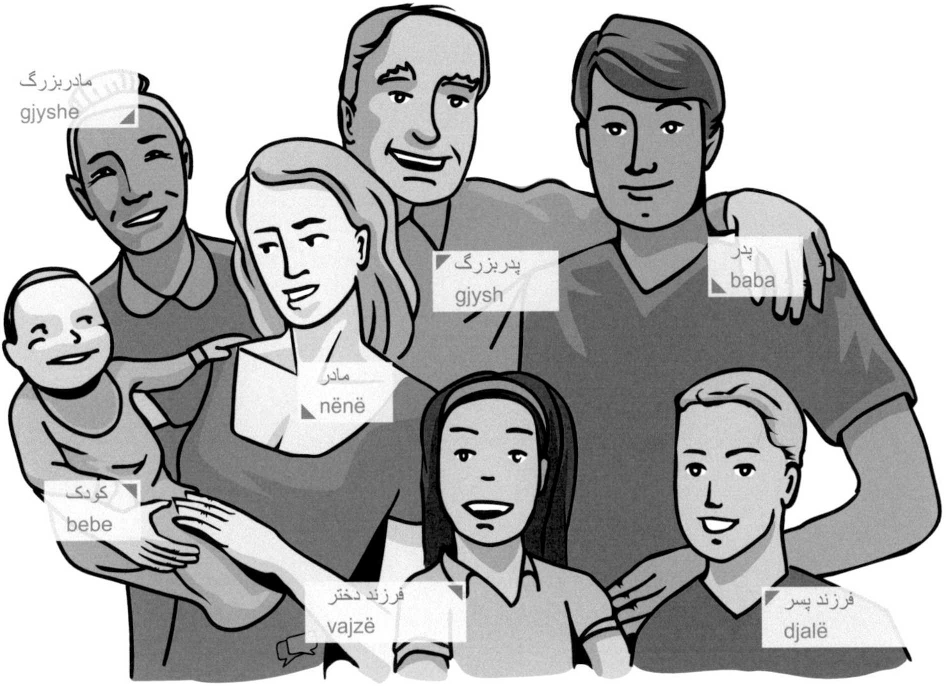

مادربزرگ
gjyshe
پدربزرگ
gjysh
پدر
baba
مادر
nënë
کودک
bebe
فرزند دختر
vajzë
فرزند پسر
djalë

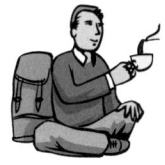

مهمان

mysafir

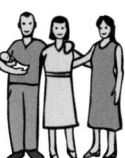

خاله، عمه

teze, hallë

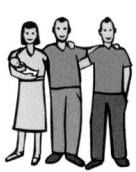

دایی، عمو

dajë, xhaxha

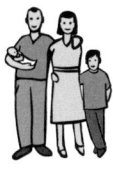

برادر

vëlla

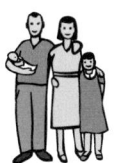

خواهر

motër

بدن

trupi

پیشانی
balli
چشم
syri
شانه
shpatulla
انگشت دست
gishti
صورت
fytyra
چانه
mjekra
دست
dora
ساق پا
këmba
سینه
krahërori
بازو
krahu

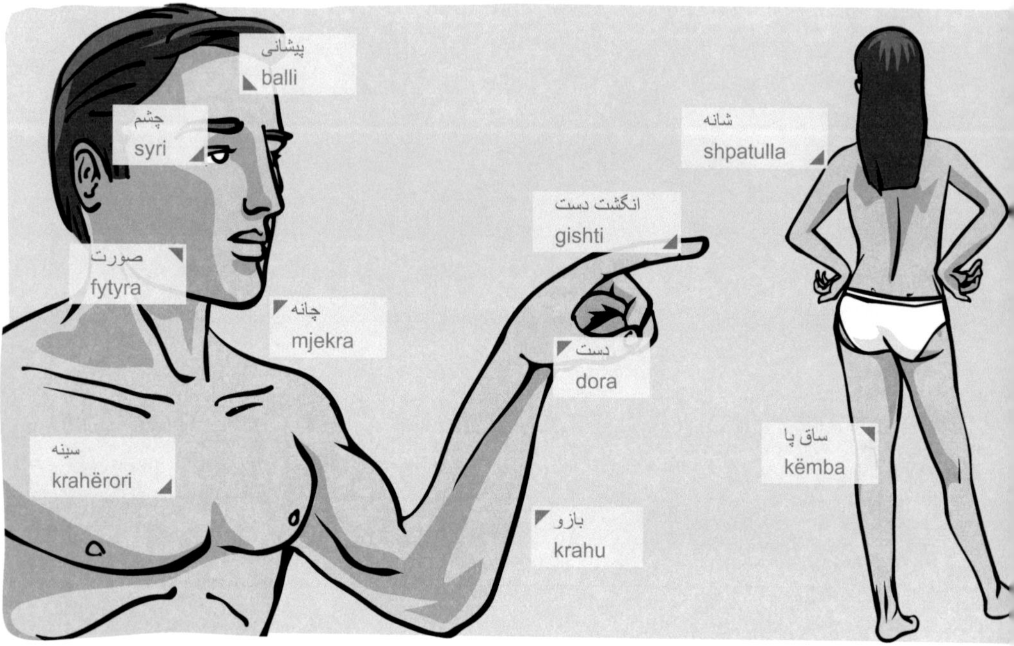

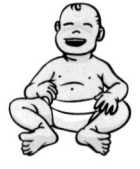

کودک

bebe

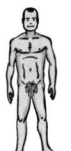

مرد

burrë

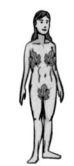

زن

grua

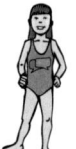

دختربچه

vajzë

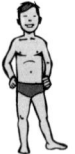

پسربچه

djalë

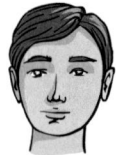

کله

koka

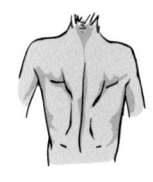

کمر

shpina

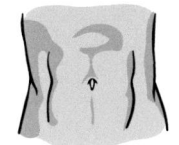

شکم

barku

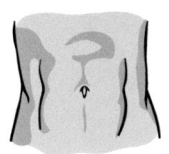

ناف

kërthiza

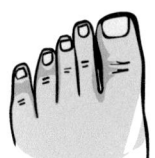

انگشت پا

gisht këmbe

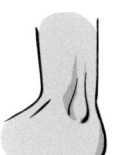

پاشنه

Thembra

استخوان

kockë

لگن

legeni

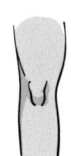

زانو

gjuri

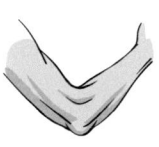

أرنج

bërryli

بینی

hunda

نشیمنگاه

vithe

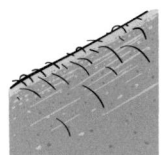

پوست

lëkura

گونه

faqja

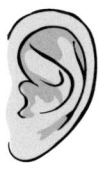

گوش

veshi

لب

buza

دهان

goja

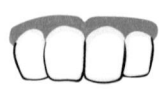

دندان

dhëmbët

زبان

gjuha

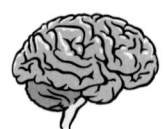

مغز

truri

قلب

zemra

عضله

muskul

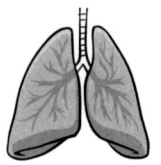

ریه

mushkëria

کبد

mëlçia

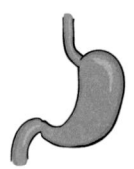

معده

stomaku

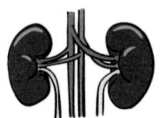

کلیه

veshka

آمیزش جنسی

seks

کاندوم

prezervativ

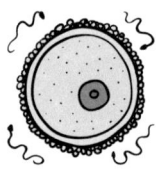

تخمک

veza

اسپرم

sperma

حاملگی

shtatëzani

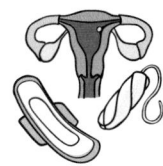

پریود

menstruacione

واژن

vagina

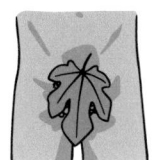

آلت تناسلی مرد

penis

ابرو

vetulla

مو

flokët

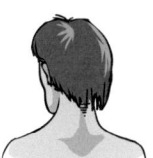

گردن

qafa

بیمارستان

spital

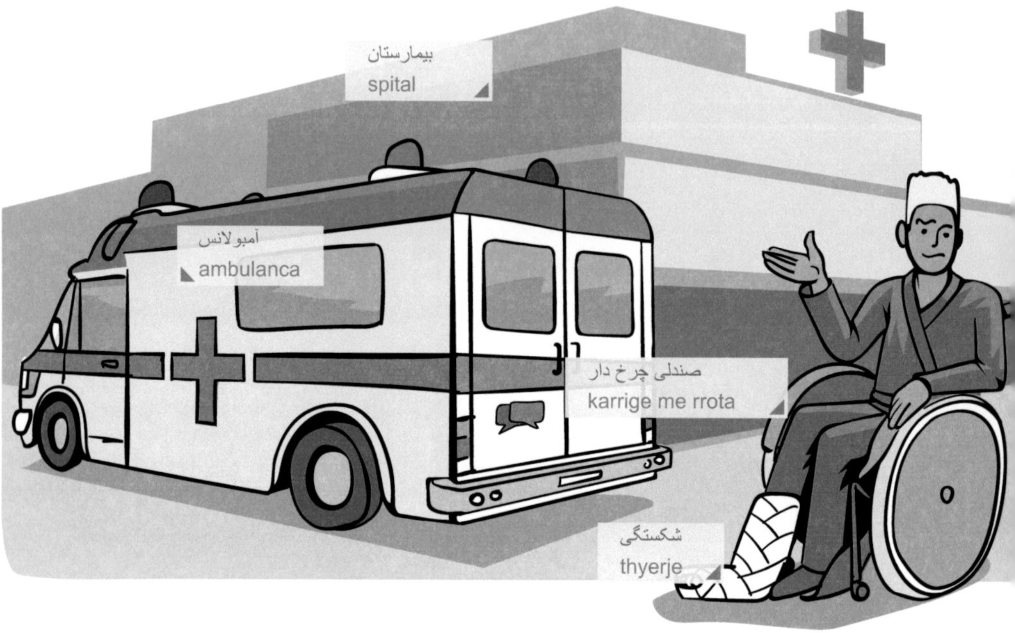

بیمارستان
spital
آمبولانس
ambulanca
صندلی چرخ دار
karrige me rrota
شکستگی
thyerje

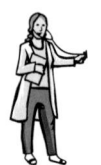

دکتر

mjek

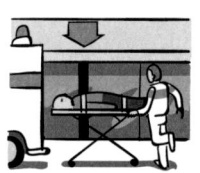

بخش اورژانس

sallë urgjencash

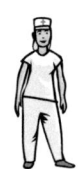

پرستار

infermiere

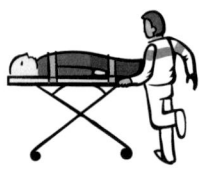

موقعیت اضطراری

emergjencë

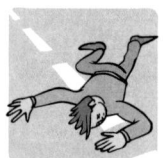

بی هوش

i pandërgjegjshëm

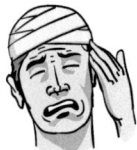

درد

dhimbje

مصدومیت

dëmtim

خونریزی

gjakosje

سکته قلبی

infarkt

سکته مغزی

goditje

آلرژی

alergji

سرفه

kolla

تَب

ethe

أنفولانزا

grip

اسهال

diarre

سردرد

dhimbje koke

سرطان

kancer

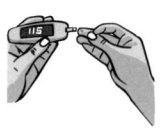

دیابت

diabet

جراح

kirurg

چاقوی جراحی

bisturi

عمل جراحی

operacion

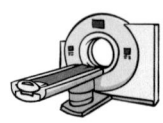

سی تی اسکن

CT (skaner)

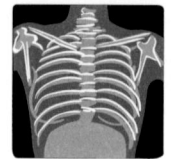

پرتونگاری

radiografi

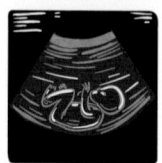

سونوگرافی

ultratingull

ماسک صورت

maskë fytyre

بیماری

sëmundje

اتاق انتظار

dhomë pritjeje

چوب زیر بغل

paterica

چسب زخم

leukoplast

پانسمان

fasho

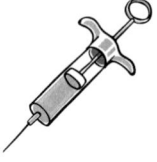

تزریق

injeksion

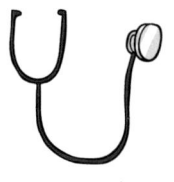

گوشی طبی

stetoskop

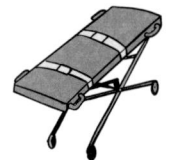

برانکار

barelë

دماسنج

termometër

زایش

lindje

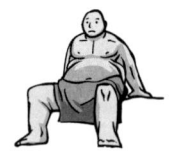

اضافه وزن

mbipeshë

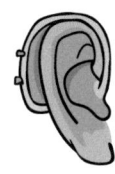

سمعک

aparat dëgjimi

ماده ضد غفونی کننده

dezinfektant

عفونت

infeksion

ویروس

virus

اچ أی وی / ایدز

HIV / AIDS

دارو

mjekësi, mjekim

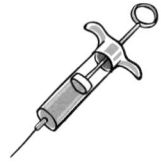

واکسیناسیون

vaksinim

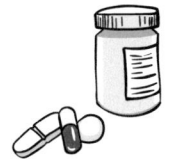

قرص

tableta

قرص ضد حاملگی

pilulë

تماس اظطراری

telefonatë emergjence

دستگاه اندازه گیری فشارخون

aparat tensioni

مریض / سالم

i sëmurë / i shëndetshëm

کمک!

Ndihmë!

آژیر خطر

alarm

حمله

sulm

حمله ی فیزیکی

atak

خطر

rrezik

خروج اظطراری

dalje emergjence

آتش

Zjarr!

کپسول آتش‌نشانی

fikëse zjarri

تصادف

aksident

جعبه کمک های اولیه

kuti e ndimës së shpejtë

درخواست کمک

SOS

پلیس

policia

اروپا

Europa

أمریکای شمالی

Amerika e Veriut

أمریکای جنوبی

Amerika e Jugut

أفریقا

Afrika

آسیا

Azia

استرالیا

Australia

اقیا نوس اطلس

Atlantiku

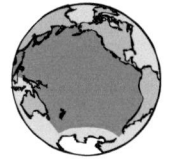

اقیانوس آرام

Paqësori

اقیانوس هند

Oqeani Indian

اقیا نوس اطلس جنوبی

Oqeani Antarktik

اقیانوس منجمد شمالی

Oqeani Arktik

قطب شمال

Poli i veriut

قطب جنوب

Poli i Jugut

قاره قطب جنوب

Antarktida

كره زمين

toka

سرزمين

tokë

دريا

det

جزيره

ishull

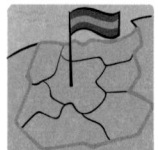

ملت

komb

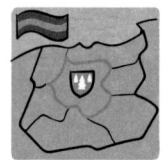

كشور

shtet

صفحه ى ساعت

fusha e orës

ساعت شمار

akrepi i orës

دقیقه شمار

akrepi i minutave

ثانیه شمار

akrepi i sekondave

ساعت چند است؟

Sa është ora?

روز

ditë

زمان

kohë

اکنون

tani

ساعت دیجیتال

orë dixhitale

دقیقه

minutë

ساعت

orë

دوشنبه
e hënë — MO

چهارشنبه
e mërkurë — W

جمعه
e premte — FR

TU

TH

SA

شنبه
e shtunë

سه شنبه
e martë

پنج شنبه
e enjte

SO

یک شنبه
e diel

دیروز
dje

امروز
sot

فردا
nesër

صبح
mëngjes

ظهر
mesditë

غروب
mbrëmje

روزهای کاری
ditë pune

آخر هفته
fundjavë

باران
shi

رنگین کمان
ylber

برف
borë

باد
erë

بهار
pranverë

پاییز
vjeshtë

تابستان
verë

زمستان
dimër

4.APRIL	11°	☀
5.APRIL	4°	⛅
6.APRIL	13°	🌧
7.APRIL	8°	❄
8.APRIL	10°	❄

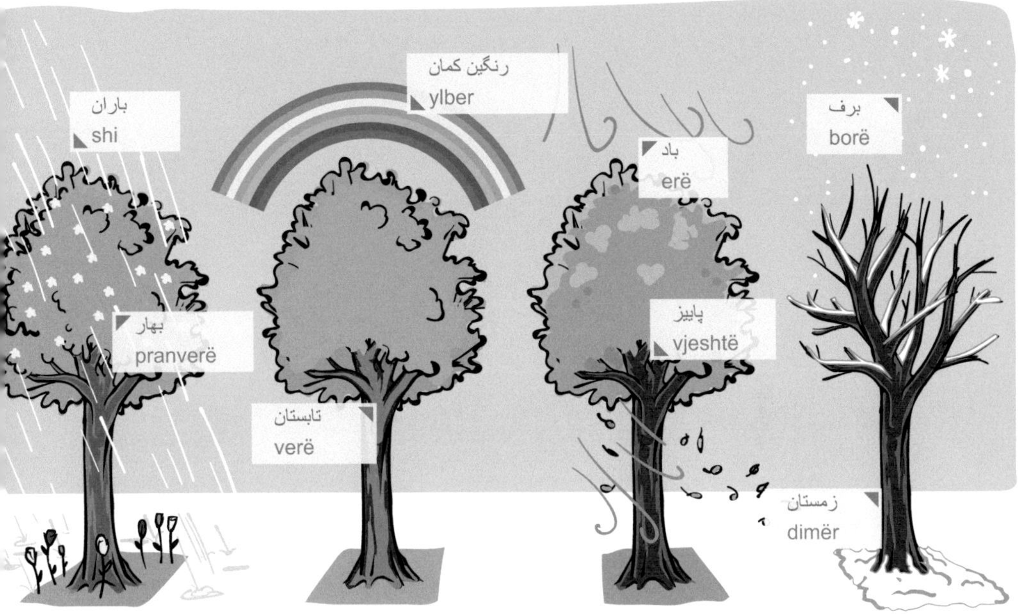

پیش‌بینی اوضاع جوی
parashikimi i motit

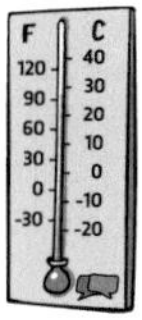

دماسنج
termometër

تابش آفتاب
ndriçim dielli

ابر
re

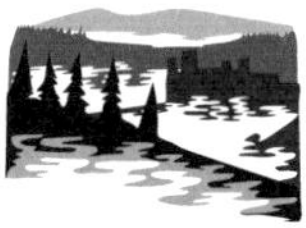

مه
mjegull

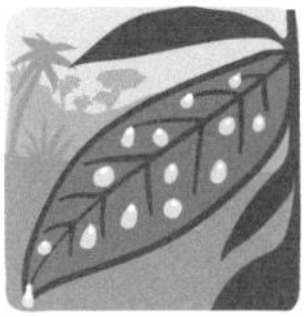

رطوبت هوا
lagështi

صاعقه

vetëtima

أسمان غره

gjëmim

طوفان

stuhi

تگرگ

breshër

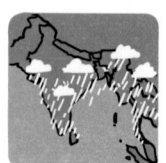

باد موسمی

muson

سیل

përmbytje

یخ

akull

ژانویه

janar

فوریه

shkurt

مارس

mars

أوریل

prill

مه

maj

ژوئن

qershor

ژوئیه

korrik

أگوست

gusht

سپتامبر

shtator

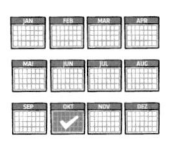

اكتبر

tetor

نوامبر

nëntor

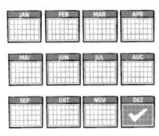

دسامبر

dhjetor

دايره

rreth

مربع

katror

مستطيل

drejtkëndësh

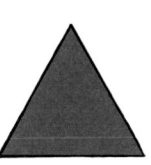

سه گوش

trekëndësh

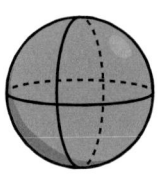

گره

sferë

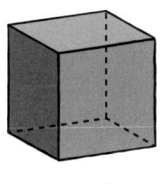

مكعب مربع

kub

سفید

e bardhë

زرد

e verdhë

نارنجی

portokalli

صورتی

rozë

قرمز

e kuqe

بنفش

vjollcë

آبی

blu

سبز

e gjelbër

قهوه ای

kafe

خاکستری

gri

سیاه

e zezë

خیلی / کم

shumë / pak

خشمگین / آرام

i nevrikosur / i qetë

زیبا / زشت

i bukur / i shëmtuar

شروع / پایان

fillim / fund

بزرگ / کوچک

i madh / i vogël

روشن / تیره

i ndritshëm / i errët

برادر / خواهر

vëlla / motër

تمیز / آلوده

e pastër / e pistë

کامل / ناقص

e plotë / jo e plotë

روز / شب

ditë / natë

مرده / زنده

gjallë / vdekur

پهن / باریک

i gjerë / i ngushtë

قابل خوردن / غیر قابل خوردن

i ngrënshëm / i pangrënshëm

غضبناک / مهربان

i keq / i këndshëm

هیجان زده / بی حوصله

i lumtur / i mërzitur

چاق / لاغر

i shëndoshë / i dobët

اولین / آخرین

e para / e fundit

دوست / دشمن

mik / armik

پر / خالی

plot / bosh

سفت / نرم

e fortë / e butë

سنگین / سبک

e rëndë / e lehtë

گرسنگی / تشنگی

uri / etje

مریض / سالم

i sëmurë / i shëndetshëm

غیرقانونی / قانونی

e paligjshme / e ligjshme

باهوش / خنگ

i zgjuar / budalla

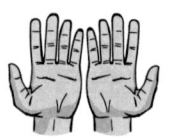

چپ / راست

majtas / djathtas

نزدیک / دور

afër / larg

نو / استفاده شده

e re / e përdorur

هیچ چیز / چیزی

asgjë / diçka

پیر / جوان

i moshuar / i ri

روشن / خاموش

ndezur / fikur

باز / بسته

hapur / mbyllur

أهسته / بلند

i qetë / i zhurmshëm

ثروتمند / فقیر

i pasur / i varfër

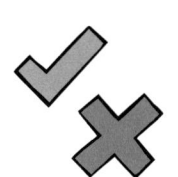

درست / غلط

e drejtë / e gabuar

زبر / صاف

i ashpër / i butë

غمگین / خوشحال

i mërzitur / i lumtur

کوتاه / بلند

i shkurtër / i gjatë

کند / تند

ngadalë / shpejt

تَر / خشک

i lagësht / i thatë

گرم / خنک

ngrohtë / freskët

جنگ / صلح

luftë / paqe

0	1	2
صفر	یک	دو
zero	një	dy

3	4	5
سه	چهار	پنج
tre	katër	pesë

6	7	8
شش	هفت	هشت
gjashtë	shtatë	tetë

9	10	11
نه	دَه	یازده
nentë	dhjetë	njëmbëdhjetë

12

دوازده

dymbëdhjetë

13

سیزده

trembëdhjetë

14

چهارده

katërmbëdhjetë

15

پانزده

pesëmbëdhjetë

16

شانزده

gjashtëmbëdhjetë

17

هفده

shtatëmbëdhjetë

18

هجده

tetëmbëdhjetë

19

نوزده

nentëmbëdhjetë

20

بیست

njëzetë

100

صد

qind

1.000

هزار

mijë

1.000.000

میلیون

milion

انگلیسی

anglisht

انگلیسی آمریکایی

anglishte amerikane

چینی ماندارین

kinezisht mandarin

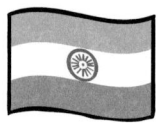

هندی

hindi

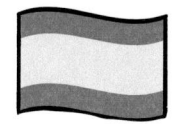

اسپانیایی

spanjisht

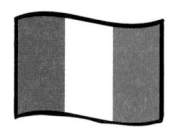

فرانسوی

frëngjisht

عربی

arabisht

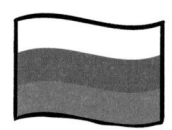

روسی

rusisht

پرتغالی

portugalisht

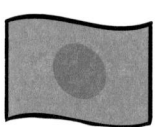

بنگالی

bengalisht

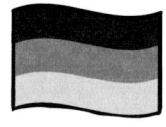

آلمانی

gjermanisht

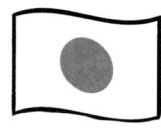

ژاپنی

japonisht

من

unë

تو

ti

او

ai / ajo

ما

ne

شما

ju

آنها

ata

چه کسی؟ کی؟

kush?

چی؟

çfarë?

چگونه؟

si?

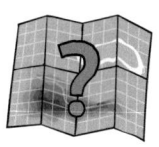

کجا؟

ku?

کی؟

kur?

نام

emër

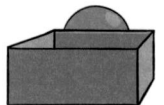

پشت

pas

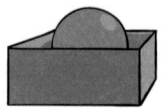

توی

në

جلو

përballë

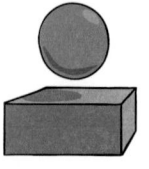

بالای

sipër

روی

mbi

زیر

poshtë

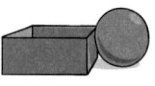

مجاور

pranë

بین

midis

مکان

vend